Schritt für Schritt zum eigenen Krimi/Thriller

Das Kochbuch für Ihren eigenen Roman

Schritt für Schritt zum eigenen Krimi/Thriller

Das Kochbuch für Ihren eigenen Roman

Tipps von Sönke Brandschwert

Lektorat: Claudia Basdorf

FSC
www.fsc.org
MIX
Papier aus verantwortungsvollen Quellen
Paper from responsible sources
FSC® C105338

Bibliografische Information der Deutschen Nationalbibliothek: Die Deutsche Nationalbibliothek verzeichnet diese Publikation in der Deutschen Nationalbibliografie; detaillierte bibliografische Daten sind im Internet über dnb.dnb.de abrufbar.

ISBN: 9783942725088

Inhaltsverzeichnis

Warum dieses Buch?

Zu meiner aktivsten Zeit als Schriftsteller erreichten mich pro Tag rund 50 E-Mails oder Anfragen in sozialen Netzwerken. Davon waren im Schnitt zwei Nachrichten von Menschen, die gerne selbst Romane schreiben und meinen Rat haben wollten. Dabei waren die Fragen ebenso zahlreich und unterschiedlich, wie die Ideen dieser Menschen. Einige schickten mir ihre Entwürfe mit der Bitte, ich solle doch mal drüber lesen und meine Meinung dazu abgeben.

Anfangs habe ich es noch geschafft, jede Nachricht zu beantworten und auch die Manuskripte zu lesen. Sie können sich sicher vorstellen, welchen Zeitaufwand es bedeutet, wenn man neben den normalen Mails von Fans auch noch all die motivierten Neuautorinnen und -autoren unterstützen möchte. Und das neben meinen anderen Aktivitäten, denn die Schriftstellerei ist ja bekanntermaßen nicht mein einziger Wirkungsbereich. Jedenfalls war das irgendwann nicht mehr stemmbar, sodass ich zahlreichen Menschen eine Antwort schuldig blieb.

Eine der Personen, die damals meine Worte als hilfreich empfanden, kam kürzlich auf mich zu um sich bei mir zu bedanken. Als ich darüber nachdachte, wie viele helfende Ratschläge ich *nicht* erteilt hatte, weil ich die Zeit einfach nicht aufbringen konnte, kam ich auf die Idee, dieses Buch zu schreiben. Nach diversen Gesprächen mit den unterschiedlichsten Leuten festigte sich die Idee und wurde allgemein für gut befunden.

Ich sage nicht, dass ich den besten aller Wege zum Schreiben eines Krimis oder Thrillers habe, sondern ich habe einen Weg, um einem Anfänger die Arbeit zu erleichtern. Ich gebe ihm diverse Werkzeuge an die Hand, die er als Hilfsmittel einsetzen kann. Auch wenn es für manche Bereiche vielleicht bessere Möglichkeiten geben mag, bin ich überzeugt, dass ich einem Neuautoren, der einfach nicht weiß wie er anfangen oder vorgehen soll, sehr hilfreiche Tipps gebe, mit denen es ihm möglich sein wird, einen eigenen Krimi oder Thriller zu schreiben.

„Jener junge Mann war viel zu vielen Schreibkursen ausgesetzt gewesen und hatte sich viel zu sehr die Vorstellungen zu Eigen gemacht, die solche Kurse verbreiten...“

Stephen King im Vorwort zur 2003 erschienenen, völlig überarbeiteten Ausgabe von „Der dunkle Turm 1“ über sich selbst als 19jähriger Autor.

Vorwort

Eines vorweg: Wenn man heutzutage politisch korrekt sein möchte, muss man in seinen Sätzen stets die weibliche Form genauso benutzen wie die männliche. Man darf nicht vom Schriftsteller reden, sondern muss *Schriftstellerin und Schriftsteller* oder *Schriftsteller/in* schreiben. Wie den meisten anderen Autoren von Sachbüchern, ist mir das aber viel zu viel Aufwand und es hemmt außerdem den Lesefluss. Deshalb schreibt man im Allgemeinen am Anfang des Buches, dass man generell die männliche Form wählt, damit aber ebenso die weibliche meint, ohne diese diskriminieren zu wollen. Auch ich werde mich in diesem Buch auf nur eine Form beschränken. Da es aber vom Aufwand her egal ist, welche man nimmt, möchte ich meinem Respekt für die weiblichen Kolleginnen Rechnung tragen, und in diesem Buch durchgängig die *weibliche* Form verwenden. Dies soll die männlichen Leser und Kollegen nicht diskriminieren; sie sind hier ebenso gemeint! Ich bitte um Verständnis ;-)

Es gibt zahlreiche Wege, ein gutes Buch zu schreiben. Nicht jeder Weg ist für jede Schriftstellerin der richtige. Bei vielen Dingen gibt es auch kein richtig oder falsch. Ebenso wird es niemals ein Buch geben, welches ausnahmslos jeder Leserin gefällt. Selbst die tollsten Bestseller müssen sich die eine oder andere sehr schlechte Kritik gefallen lassen. Gerade ein Roman, in dem eine fiktive, erfundene Geschichte erzählt wird, ist stark vom Geschmack der Leserinnen abhängig. (Gell, das sieht lustig aus, wenn man immer die weibliche Form nimmt!)

Deshalb werden Sie in diesem Buch keine Anleitung finden, um den absoluten Mega-Krimi oder Hyper-Thriller zu schreiben. Eine solche Anleitung kann und wird es nicht geben!

Meine Aufgabe sehe ich darin, Ihnen Denkanstöße zu reichen. Sie sollen wissen, woran es beim Skizzieren und Schreiben eines Romans zu denken gilt. An einigen Stellen werde ich verschiedene Möglichkeiten aufzeigen, aus denen Sie die für sich passendste auswählen

müssen oder sich natürlich auch eine nicht genannte einfallen lassen können.
Die Vorschläge für eine Vorgehensweise entsprechen im Allgemeinen der Art und Weise, wie ich an die Dinge herangehe. Das bedeutet nicht, dass es für jeden die idealste Möglichkeit ist. In jedem Fall kann es aber als Orientierungshilfe dienen.
Diejenigen, die zwar einen schönen Schreibstil haben, aber einfach nicht wissen, wie sie das Schreiben eines Thrillers oder Krimis angehen sollen, können sich theoretisch komplett nach den Vorschlägen in diesem Buch richten, so als ob sie ein leckeres Gericht nach einem Kochrezept zaubern. Sicher werden sie dabei an vielen Stellen merken, was ihnen mehr oder weniger liegt, und wo Sie bei Ihrem zweiten Roman abweichen werden.
Ich bin ein großer Freund von Praxis und Beispielen. Graue Theorie kann selten wirklich vermitteln, was in der Realität gemeint ist. Deshalb werde ich gemeinsam mit Ihnen in diesem Buch den Anfang eines neuen, unveröffentlichten Thrillers erarbeiten. Es ist Ihnen freigestellt, sich das Thema zu eigen zu machen und daraus ein fertiges Buch zu entwickeln. Gerne dürfen Sie es veröffentlichen oder Verlagen anbieten. In diesem Falle würde ich mich natürlich über die Erwähnung meines Namens im Vorwort freuen. Da Sie vielleicht nicht die Einzige sind, die dieses Thema einem Verlag anbietet, sollten Sie bei Ihrer Bewerbung anmerken, auf welchem Weg das Manuskript entstanden ist. Das wäre dem Verlag gegenüber nur fair.
In keinem Fall dürfen Sie andere Autorinnen dafür in Regress nehmen, wenn diese das gleiche Thema als Roman veröffentlichen. Vielmehr sollten Sie es Ihren Kolleginnen gönnen; und ein spannender Vergleich wäre es doch auch! Jeder wird diese Geschichte anders erzählen und die vorgefertigten Dinge nach seinem Gutdünken abändern. (Hätte ich hier nicht schreiben müssen: „*Jede* wird diese Geschichte anders erzählen und die vorgefertigten Dinge nach *ihrem* Gutdünken abändern.“? Aber lassen Sie uns bitte nicht päpstlicher sein als die Päpstin und verzeihen Sie mir solche Kleinigkeiten, bei denen es nach meinem Empfinden doch sehr merkwürdig aussähe, wenn man sich der weiblichen Form bedient!)

Um es ausdrücklich noch einmal etwas rechtssprachlicher zu sagen: Sie dürfen die Idee nutzen, weiterverarbeiten und ihr Gesamtwerk als Ihr eigenes veröffentlichen (lassen), aber Sie haben an der Idee/dem Thema keine alleinigen Rechte. Sie dürfen auch die vorgefertigten Texte für Ihren Roman exakt so übernehmen, wie sie in diesem Buch stehen, haben dann aber auch daran keine alleinigen Rechte und müssen damit leben, wenn andere das Gleiche tun und einige Seiten Ihres Thrillers dann identisch sind mit den entsprechenden Seiten anderer Romane. Deshalb sollten Sie schon diverse Änderungen vornehmen.

Und noch einmal in aller Deutlichkeit: Ich behaupte nicht, den einzig wahren Weg zum Schreiben eines Thrillers zu haben. Mit diesem Buch möchte ich lediglich eine Hilfestellung für Ihr Erstlingswerk geben. Auch, wenn Sie vielleicht nicht alle Hinweise verwerten können, hoffe ich doch, dass Sie von dem Inhalt dieses Buches stark profitieren!

Die Idee

Die Idee zu einem Buch ist der Grundpfeiler des Werkes. Selbst hier gibt es nicht nur eine Art und Weise, wie man beginnen kann! Tatsächlich sind die Ideen verschiedener Romane von mir auf unterschiedliche Wege entstanden. Eine Idee kann der Einfall für eine besondere Protagonistin, also die Hauptfigur der Geschichte, oder die Idee für das Thema der Story sein. Da Sie am Ende sowieso beides brauchen, ist es einigermaßen egal, womit Sie anfangen. Nur müssen am Ende Protagonistin und Geschichte zusammenpassen.
Zwei Beispiele:
In meinem Erstlingswerk „Netzinfarkt" war zuerst die Idee für die Geschichte da. Ende der 1990er legte ein kleiner Computervirus einige Unternehmen für zwei Tage lahm. Ich war damals für ein großes, amerikanisches Telekommunikationsunternehmen tätig, welches betroffen war. Wenige Jahre später kam der 11. September. Mein Gehirn vermischte die beiden Begebenheiten und entwickelte die Idee vom modernen Terrorismus, der nicht mehr Bomben zündete, sondern die westliche Welt mittels modernster Technologien ins Chaos stürzen wollte.
Der Protagonist dazu ergab sich fast automatisch. Es musste ein netter Informatiker her, der sich plötzlich in der Ziellinie einer terroristischen Vereinigung wiederfand.
Viele Jahre später wollte ich eine neue Figur kreieren, die einfach anders war als die üblichen Mainstream Krimi-Heldinnen. Sie sollte auf den ersten Blick auf die Durchschnittsleserin befremdlich wirken. Im Laufe des Buches sollte die Leserin diese Figur natürlich lieben lernen. Ich sah mich nach einer Randgruppe um, betrachtete Punks, Rocker und die BDSM-Szene. Am Ende entschied ich mich für Samantha Veselkova, die neben einer kleinen Detektei auch eine dominante Lady mit SM-Hintergrund ist. Es wäre ziemlich unsinnig gewesen, sie in den Fall von Netzinfarkt zu verpflanzen. Ebenso schlecht wäre Sven aus meinem Erstlingswerk in dem BDSM-Fall von Samantha aufgehoben.

Sowohl bei der Auswahl des Themas als auch bei der Wahl der Person muss man sich im Klaren darüber sein, dass man sich plötzlich mit einer riesigen

Recherchearbeit konfrontiert sehen kann! Auch hier möchte ich wieder beide obigen Beispiele anführen. Möchten Sie einen Thriller in der digitalen Welt schreiben, ohne sich in dem Bereich auszukennen, müssen Sie sich sehr mühsam die Informationen darüber zusammensuchen, was überhaupt möglich ist und was nicht. Da ich ursprünglich aus dem Bereich der Informatik komme, war das für mich kein Problem.
Bei der Auswahl der Person kann das Gleiche passieren. Für Samantha Veselkova musste ich mich eingehend mit dem Bereich BDSM befassen.
Also, wenn Sie eine Idee haben, fragen Sie sich als Erstes: Habe ich genügend Wissen zu dem Thema, und wenn nicht, kann ich die benötigten Informationen recherchieren? Habe ich überhaupt die Lust dazu, sehr viel Zeit mit Recherchen zu verbringen? Wenn nicht, dann nehmen Sie besser eine andere Idee oder eine andere Hauptfigur!

Um nun mit etwas Konkretem anzufangen, wähle ich für das weitere Vorgehen hier im Buch das Thema als Startpunkt. Das bedeutet nicht, dass Sie das auch so machen müssen. Wenn Sie lieber zuerst eine Person erfinden, dann ist das genauso gut.

Krimi oder Thriller?

Immer wieder kommt die spannende Frage auf, wie sich überhaupt Krimis und Thriller voneinander unterscheiden. Tatsächlich ist diese Frage gar nicht so leicht zu beantworten, und oft überlagern und vermischen sich diese beiden Genres. Befragen Sie zehn Fachleute dazu, so erhalten Sie mindestens fünf verschiedene Definitionen. Da ich mich nicht damit brüsten möchte, die wirklich richtige Erklärung zu haben, stelle ich hier lediglich die Erläuterungen vor, die am häufigsten zu dieser Frage anzutreffen sind:

- Bei einem Krimi steht die Aufklärung eines Kriminalfalles im Vordergrund, während es bei einem Thriller hauptsächlich um den Nervenkitzel geht.
- In einem Thriller gibt es einen steten Wechsel zwischen Anspannung und Erleichterung.
- Während bei einem Krimi der Höhepunkt in der Aufklärung des Falles zu finden ist, kommt bei einem Thriller der Höhepunkt erst nach der Aufklärung bei einem endgültigen Sieg (oder einer endgültigen Niederlage) über die Widersacher.
- Krimis sind meistens harmloser geschildert.
- Die Handlungsgeschwindigkeit ist bei einem Thriller höher.
- Bei einem Thriller wird die Hauptfigur oft unvermittelt in ein Abenteuer geworfen, das für sie zunächst aussichtslos erscheint und während dem sie immer wieder in große Bedrängnis und gefährliche Situationen gerät.

In meinen Augen kann ein Thriller ebenso ein guter Krimi sein. Bei vielen Romanen wüsste ich persönlich nicht, welchem der beiden Genres ich sie zuordnen sollte.
Wenn Sie Verlagen einen Thriller anbieten wollen, so sollte in jedem Fall ein guter Nervenkitzel vorhanden und die Geschwindigkeit der Handlung eher schnell bis rasant sein.

Das Thema

Eine der am häufigsten gestellten Fragen, die an eine Autorin gerichtet wird, ist: Woher nimmst du die Ideen für deine Romane?
Hier arbeitet jede Schriftstellerin anders. Es gibt solche, denen die Ideen einfach so zufliegen, fast ohne ihr Zutun. Gehören Sie zu diesen Menschen, dann sage ich: Herzlichen Glückwunsch – bitte überspringen Sie dieses Kapitel!
Bei den meisten ist es aber nicht so einfach. Die Ideen haben oft irgendwelche Auslöser. Diese können im familiären Bereich liegen, mit der Arbeit zu tun haben, oder auch ein Bericht in Zeitung oder Fernsehen sein. Manchmal ist es sogar ein anderer Roman, bei dem man auf eine Idee kommt. So kann man zum Beispiel glauben, man würde die Lösung bereits kennen, wird dann aber im weiteren Verlauf des Buches eines Besseren belehrt. Hier könnte man seine ursprüngliche Vermutung als neues Thema verarbeiten.

Eine andere Vorgehensweise: Nehmen Sie irgendein beliebiges Ereignis, und überlegen Sie, was sich *theoretisch* noch dahinter verbergen könnte.
Beispiele:

- Ihr 14jähriger Sohn kommt zu spät von der Schule. Er erklärt, dass er nachsitzen musste, weil er eine Hausaufgabe vergessen hatte. Das klingt plausibel. Sie weisen ihn zurecht wegen der vergessenen Hausarbeit, glauben ihm aber. Doch wie könnte es denn noch gewesen sein? Lügt er vielleicht? Wird er vielleicht von ein paar Raudies erpresst? Muss er für sie stehlen oder gar Schlimmeres tun, weil sie ihn sonst jeden Tag verprügeln?

- Eine Kollegin wird krank und kommt auch nach längerer Zeit nicht wieder. Irgendwann werden Sie informiert, dass sie krankheitsbedingt aufhören muss zu arbeiten. Dabei bleibt unklar, um was für eine Krankheit es sich eigentlich handelt.
Doch stimmt das mit der Krankheit überhaupt? Vielleicht hatte die Frau ja etwas über zwielichtige Machenschaften im Unternehmen herausgefunden und musste

verschwinden. Damit sich die anderen Mitarbeiter nicht wundern, hat man die Geschichte mit der Krankheit erfunden. In Wirklichkeit lebt die Frau gar nicht mehr. Sie hatte keine Familie, war erst vor kurzem in die Stadt gezogen und hatte daher noch keinen großen Freundeskreis. Somit wird auch niemand eine Vermisstenanzeige aufgeben. Einer der Kollegen fand die Frau aber vielleicht sehr anziehend und versucht, mit ihr Kontakt aufzunehmen um zu ergründen, ob er ihr irgendwie behilflich sein kann. Dabei stößt er selbst auf die dunklen Geheimnisse der Geschäftsleitung. Als er mehr herausfinden will, gerät er selbst in eine lebensbedrohliche Situation...

Aus ganz vielen Situationen können Sie eine dramatische Geschichte stricken. Beobachten Sie auch Menschen auf der Straße, im Zug oder in der Stadt. Sehen Sie sich einen besonderen Menschen an und überlegen Sie, was sein Hintergrund sein könnte. Wenn dieser jemand ein Verbrecher wäre, was für ein Verbrechen würde zu ihm passen?
Wenn Sie darüber lesen, was anderen widerfahren ist, überlegen Sie, wie ein Mensch darauf reagieren könnte. Wäre es möglich, dass jemand dafür Blutrache nehmen könnte? An wem würde er sich rächen? An einer einzelnen Person? Oder an der ganzen Gesellschaft? Vielleicht erschaffen Sie dabei eine eiskalte Serienmörderin!
Wenn Sie sich mit irgendetwas besonders gut auskennen, könnten Sie sich in diesem Bereich ein perfektes Verbrechen vorstellen? Sind Sie beispielsweise Buchhalterin? Welche Möglichkeiten hätten Sie dann, die Bücher zu frisieren, ohne dass es in den nächsten zwölf Monaten auffällt? Und welche Vorteile könnten Sie theoretisch daraus schlagen?
Oder sind Sie Automechanikerin? Was kann man damit anfangen? Könnte man sich vielleicht eine Ersatzteilmafia ausdenken, die aus Wagen, welche in der Werkstatt zur Reparatur sind, gute Teile ausbaut und durch wesentlich ältere ersetzt, ohne dass es die Besitzerinnen mitkriegen?
Fast überall kann ein Verbrechergehirn auf die Idee kommen, sich mit ungesetzlichen und unmoralischen Mitteln Vorteile zu verschaffen.

Denken Sie immer in Richtung des Unwahrscheinlichen. Je unwahrscheinlicher Ihnen etwas vorkommt, umso größer ist die Chance, dass Ihre Leserinnen nicht so schnell auf die Lösung kommen!
Stellen Sie sich vor, Sie beobachten in einem Café, wie ein älterer Mann mit einem weiblichen Teenager turtelt. Natürlich würde jeder nun zunächst auf die Idee des sexuell motivierten Serienmörders kommen. Doch dieses Thema ist abgedroschen und Schnee von gestern. Drehen Sie den Spieß doch einfach mal um! Lassen Sie die junge Frau dieses Mal die Böse sein! Egal, ob es aus einer früheren Erfahrung des Mädchens resultiert oder aus einem seelischen Leiden: Sie selbst sucht die Beziehung zu den älteren Männern, um diese kurz vor dem Vollzug des Geschlechtsverkehrs umzubringen.
Egal, welche Situation Sie betrachten, nehmen Sie immer das Unmögliche an. Sie werden staunen, auf welch Skurrile Ideen sie dabei kommen.

Das Thema in unserem Roman

Ich habe Ihnen versprochen, in diesem Buch gemeinsam mit Ihnen einen Roman zu beginnen. Also wenden wir uns nun dem Thema zu, das wir zusammen verfolgen wollen.

Immer wieder hört man davon, wie in fernöstlichen Unternehmen die Mitarbeiterinnen unter schlimmsten Bedingungen ausgebeutet werden. Ich habe mir dabei einmal überlegt, wie es denn sei, wenn das alles hier in Deutschland passieren würde, dazu noch in ganz extremer Form. Bei einem Thriller gehen wir immer von dem Bösesten des Bösen aus! Also lassen Sie uns ein erfolgreiches, deutsches Unternehmen schaffen. Die dort hergestellten Produkte sind qualitativ hochwertig und nachweislich Made in Germany. Doch gute Mitarbeiterinnen sind in Deutschland teuer. So teuer, dass man die Produkte eigentlich kaum zu einem Preis anbieten könnte, der noch eine ausreichende Rentabilität bringt. Doch was wäre, wenn sich in den Katakomben der großen Fabrik ein riesiges, geheimes Gefängnis verbirgt? Wenn dort Menschen unfreiwillig beherbergt würden? Menschen, die ohne Entlohnung für das Unternehmen schuften müssen? Lediglich das Essen und die Unterkunft bekommen die armen Arbeiterinnen gestellt, wobei sie sich eine Zelle mit vielen anderen teilen müssen und zum Schlafen lediglich eine Pritsche haben. Ärztliche Versorgung gibt es nicht. Wer krank wird, muss sich entweder von selbst erholen oder stirbt eben. Die Leichen werden irgendwo entsorgt.

Die Arbeiterinnen wurden irgendwo entführt und verschwanden einfach aus ihrem normalen Leben. Hierbei kann man sich überlegen, ob es sich um ausländische Menschen handelt, die zum Beispiel aus Polen oder Rumänien geholt werden, oder ob man gezielt deutsches Personal in die Gewalt der skrupellosen Firmenbosse bringt.

Je nachdem, was die Firma produziert, kann man den Unfreiwilligen Arbeiterinnen zum Beispiel Fußfesseln anlegen oder Halsbäder, die per Fernbedienung einen elektrischen Schlag erzeugen können. Das ist keineswegs Sciencefiction, denn ähnliche Halsbänder gibt es (leider) seit vielen Jahren für Hunde. In jedem Fall benötigen wir etwas, das die Herrinnen der Fabrik in die

Lage versetzt, uneingeschränkt über die Gefangenen zu verfügen und zu bestimmen. Die Möglichkeit der Selbstbefreiung oder eines Aufstandes muss unmöglich erscheinen!
Stellen Sie sich das einmal vor: Sklaverei 2.0! Lassen Sie uns dies zunächst als Arbeitstitel festlegen.
Der Hintergrund von „Sklaverei 2.0" versetzt uns in die wunderbare Lage, dramatische Szenen aus der Sicht eines Insassen zu schreiben. Zum anderen können wir jemanden erfinden, der zwar (noch) kein Insasse ist, aber irgendwie in die Geschichte verwickelt wird. Außerdem können wir die Fabrik in alle möglichen Bereiche versetzen, sodass Sie sich aussuchen können, was dort hergestellt werden soll. Uns stehen somit alle Türen offen!

Wir wissen nun, wovon unser Thriller handeln soll. An dieser Stelle gibt es wieder eine Entscheidung, die Sie ganz nach Belieben treffen können. Entweder, Sie wenden sich nun den Figuren zu, die in unserem Geschehen mitspielen sollen, oder Sie machen erst die detaillierte Ausarbeitung des Themas. Es gibt dabei keine Reihenfolge, die besser ist als die andere. Entscheiden Sie aus dem Bauch heraus.
Um das vor Ihnen liegende Buch etwas abwechslungsreicher zu gestalten, lege ich fest, dass wir zunächst die Protagonistinnen (die Hauptfiguren) des Romans kreieren.

Protagonistin, Antagonistin

Der Protagonist oder die Protagonistin ist die Hauptfigur in einem Roman oder Film. Als Antagonistin bezeichnet man die Gegenspielerin, in einem Thriller also üblicherweise „die Böse“.

Ob Sie eine einzelne Protagonistin haben wollen oder zwei oder gar eine ganze Gruppe, ist Ihnen überlassen. Selbst bei einer Gruppe gibt es aber meistens eine Hauptprotagonistin. Auch wenn es zwei Protagonistinnen gibt, ist meistens eine von beiden die Hauptprotagonistin. Als Beispiel sei hier die Lincoln Rhyme Reihe von Jeffery Deaver genannt, in der Lincolns Partnerin Amelia Sachs nicht wegzudenken ist. Obwohl viele Szenen aus ihrer Sicht geschrieben sind, ist Lincoln die Hauptfigur.

Eine sehr schöne Ausnahme, in der zwei Figuren in meinen Augen gleichwertige Protagonisten sind, ist die Krosann-Saga von Sam Feuerbach. Hierbei handelt es sich zwar um einen Fantasy Roman, was aber für die Entwicklung von Protagonistin und Antagonistin keine Rolle spielt. Beim Lesen von Sams Romanen war für mich die Auftragsmörderin eine ebenso große Heldin wie der Prinz.

Übrigens muss die Protagonistin nicht immer eine Gute sein! Ihre Heldin könnte ebenso zu den Ganoven gehören. Denken Sie an den klassischen „Dieb von Bagdad“! Auch eine Verbrecherin kann als Hauptfigur aufgebaut werden. Sie könnte Probleme mit einer befeindeten Verbrecherbande haben, oder die Polizei ist ständig kurz davor, sie zu erwischen.

Entwicklung von Charakteren

Bei der Entwicklung der Buchfiguren gibt es einiges zu beachten. Viele Neuautorinnen machen den Fehler, sich nicht genügend mit ihren Figuren zu beschäftigen. Dann kann es schnell passieren, dass die Leserin die Charaktere für unglaubwürdig, unrealistisch oder wenig tiefgründig hält.

Damit eine Person glaubwürdig ist, muss sie konsistent sein. Das bedeutet, dass sie während der gesamten Laufzeit des Buches die gleichen Eigenschaften behält. Natürlich kann sich ein Charakter mit der Zeit entwickeln. Auch gewisse Ereignisse oder Einschnitte im Leben der Figur können zu einer Veränderung führen. Wenn Sie aber eine strenge Lehrerin zeichnen, die plötzlich einem Schüler durchgehen lässt, dass er seine Hausaufgaben nicht macht, dann passt das eben nicht zusammen. Oft ist es für die Autorin oder den Autoren leichter, mal „Fünfe gerade sein" zu lassen – aber Schreiben ist nun mal nicht leicht! Also gehen Sie nicht einfach den Weg des geringsten Widerstandes, sondern lassen Sie Ihre Figuren so reagieren, wie sie vom Charakter her eben reagierten müssen!

Hierfür ist es sehr wichtig, die Charaktere auszuarbeiten, bevor Sie mit dem eigentlichen Schreiben anfangen.

Es gibt viele Autorinnen, die sich zu einer Figur einzelne Charaktereigenschaften notieren. Das ist sehr hilfreich, aber mir persönlich genügt das nicht. Mir ist es wichtig zu wissen, warum eine Person auf eine bestimmte Art und Weise reagiert, und warum manche Züge an ihr so ausgeprägt sind. Ich möchte meine Figuren „kennen", lieben oder hassen.

Deshalb mache ich von den wichtigsten Personen tatsächlich einen richtigen Lebenslauf. Dabei überlege ich, wer die Eltern waren, wie die Kindheit verlaufen ist und was in der Schule alles geschah. Hatte die Person in der Kindheit und Jugend viele Freunde oder war es ein Einzelgänger? Warum war das so? Welche Erlebnisse führten zu bestimmten Entwicklungen und welche Charakterzüge waren bereits angeboren? Je Detailreicher Sie hier arbeiten, umso leichter fällt es Ihnen später, die Figur konsistent zu halten. Wahrscheinlich werden Sie feststellen, dass sich die Handlungsweise ihrer Heldin oft von selbst ergibt, weil eine Person mit diesem Charakter eben genauso reagieren würde.

Auch hier kann es sein, dass Recherche erforderlich ist. Vielleicht gehen Sie davon aus, dass ein bestimmtes Erlebnis zu einer speziellen Eigenheit Ihrer Figur geführt hat. Hier können Sie es einfach unterstellen und, wenn nötig, dem Leser entsprechend verkaufen. Sie können aber auch versuchen herauszufinden, ob solche Erlebnisse tatsächlich die von Ihnen geplanten Auswirkungen haben können. Fragen Sie jemanden, der sich damit auskennt oder besorgen Sie sich ein Buch darüber. Gegebenenfalls finden Sie auch in sozialen Netzwerken entsprechende Gruppen zu allen möglichen Themen oder sogar betroffene Menschen, die Ihnen gerne behilflich sind. Allerdings: Schüchtern dürfen Sie hier nicht sein. Sie müssen sich schon trauen, wildfremde Menschen anzuschreiben oder anzusprechen.

Ein Beispiel aus der Realität: Für meine Samantha Veselkova Reihe („Spiel, bis du stirbst“ und „Töte, um zu leben“) wollte ich eine Protagonistin aus einer Randgruppe erschaffen. Diese sollte so realistisch wie möglich dargestellt werden. Ich entschied mich für eine dominante Dame aus der SM-Szene. Damit meine ich keine Domina, die für Geld die Dominanz spielt, sondern eine Frau, die durch und durch dominant ist und dies auch im erotischen Bereich auslebt. (Dass Samantha nebenbei damit auch Geld verdient, spielt dabei nicht wirklich eine Rolle.) Doch wie kommt es dazu, dass eine Frau sich diesem Bereich zuwendet? Meine erste Idee war, dass sie in ihrer Jugend eine sehr schlechte Erfahrung mit einem Mann gemacht hatte. Danach schwor sie, sich nie wieder einem Mann unterzuordnen. Merken Sie was? Klischee-Alarm!!!

Zum Glück habe ich mich viele Wochen mit diesem Thema auseinandergesetzt und auch zahlreiche Chats und Gespräche mit Menschen geführt, die seit mehreren Jahren im Bereich BDSM zuhause sind. Dabei musste ich lernen, dass ich eine völlig verquere Vorstellung von vielen Dingen hatte. Tatsächlich ist es so, dass eine Frau, die sehr früh derart negative Erfahrungen mit Männern macht, später eher auf der devoten Seite steht, wenn sie sich überhaupt für BDSM-Spiele öffnet. Ausnahmslos alle dominanten Frauen, mit den ich gesprochen habe, stehen (meistens nicht nur in der Erotik) aus einem ganz

einfachen Grund auf der dominanten Seite: Sie haben schlicht und ergreifend Spaß daran! Irgendwann gab es zwar ein Erlebnis, bei dem sie das festgestellt haben, aber das war niemals ein negatives Erlebnis. Mir blieb nichts anderes übrig, als Sams Lebenslauf neu zu schreiben und von meiner doch sehr naiven Vorstellung abzurücken!
Denken Sie immer daran: Es könnte jemand Ihr Buch lesen, der sich mit Ihrem Thema sehr gut auskennt. Wenn derjenige dann Ihr Geschriebenes als Lug und Trug enttarnt, hat Ihr Roman bald einen sehr schlechten Ruf! Doch wenn Sie Ihre Hausaufgaben machen, werden Sie unter Umständen belohnt. Für „Spiel, bis du stirbst" habe ich in der BDSM-Zeitschrift „Schlagzeilen" eine überaus erfreuliche Rezension bekommen, in der die Realitätsnähe gelobt wurde. Die meisten nicht-Erotikbücher, die in diesem Bereich spielen, bauen nämlich durch und durch auf Klischees – wie es mir auch passiert wäre, wenn ich nicht recherchiert hätte.

Neben der Persönlichkeit Ihrer Figur gibt es noch das Äußere. Wie sieht die Person aus? Auch dies sollten Sie schriftlich festhalten, damit Sie später bei entsprechenden Angaben nicht immer im Buch nach einer Stelle suchen müssen, an der es beschrieben ist. Wenn Sie möchten, lassen Sie Ihrer Fantasie freien Lauf. Das funktioniert meistens sehr gut. Auch hier bin ich persönlich oftmals etwas penibler. Ich möchte von manchen Figuren ein Bild der Person vor meinem geistigen Auge haben. Dann suche ich mir entsprechende „Vorlagen". Wenn mir keine Menschen mit geeignetem Aussehen bekannt sind, schaue ich mich im Zug oder auf der Straße um. Sollte ich ungeduldig sein, nutze ich das Internet. Man rufe eine bekannte Suchmaschine auf, gebe einen Allerweltsnamen wie Schmidt, Mayer, Müller, Brown o. ä. ein, und klicke dann auf „Bilder". Anschließend scrolle ich die Seite durch, und meistens treffe ich sehr schnell auf ein geeignetes Aussehen. Das funktioniert auch, wenn man nur den Vornamen eingibt; sogar noch besser, da man hiermit die Suche auf Männlein oder Weiblein einschränken kann. Man muss das Aussehen auch nicht zu hundert Prozent übernehmen. Als Basis für das Äußere ist es aber immer sehr praktisch, ein Bild zu haben. Dann kann man noch die Haar- oder Augenfarbe umdefinieren, die Größe bestimmen und so weiter.

Je genauer Ihr Bild von der Figur ist, umso besser können Sie sie beschreiben. Außerdem bekommen Sie einen besseren Bezug zu ihr. Wenn Sie sich Szenen ausmalen, werden sich diese deutlicher in Ihrem Kopf abspielen, wenn Sie genau wissen, wie die handelnden Personen aussehen.

Namen für Ihre Figuren

Natürlich müssen die agierenden Personen auch Namen bekommen. Bei der Namenswahl sind sie zwar relativ frei, aber selbst hier gibt es Dinge zu beachten. Nehmen Sie keinen modernen Namen für eine sechzigjährige Frau! Umgekehrt sollten junge Menschen keine Namen bekommen, die antiquiert sind, es sei denn, es gibt einen triftigen Grund dafür. Vielleicht haben die Eltern ein Faible für einen Schauspieler mit diesem Namen gehabt, oder eine traditionsbewusste Familie nimmt als ersten Vornamen stets den der Oma väterlicherseits.

Als Hilfsmittel gibt es im Internet Seiten, auf denen man die beliebtesten Vornamen aus bestimmten Jahren suchen kann. Diese finden Sie leicht über eine Suchmaschine, wenn Sie als Suchbegriffe „beliebteste Vornamen nach Jahren“ eingeben.

Was den Nachnamen angeht, ist man viel freier. Wenn Sie den Namen für einen ausländischen Charakter suchen, so hilft es, wenn Sie in einem online Telefonbuch des entsprechenden Landes nachsehen.

Achten Sie darauf, dass nicht mehrere Figuren Namen bekommen, die sehr ähnlich sind. Der Leser könnte die Personen irgendwann miteinander verwechseln. Das gilt natürlich auch für die Vornamen. Gleichzeitig einen Stefan und eine Stefanie auftreten zu lassen ist sehr ungeschickt.

Es empfiehlt sich, am Anfang des Buches darauf hinzuweisen, dass Ähnlichkeiten mit real existierenden Personen rein zufällig sind. Ich umgehe das oft damit, dass ich vorher im Internet recherchiere, ob es in Deutschland eine Person mit diesem Namen gibt. Wenn ja, dann suche ich einen anderen Namen. Aber das ist nur eine persönliche Marotte von mir. Bei vielen Figuren kann das ziemlich aufwendig werden. Entscheiden Sie selbst, wie Sie vorgehen wollen.

Für ein ernstes Buch ist es von Vorteil, wenn der Name irgendwie zum Charakter der Figur passt. Ein Schläger, der Detlev heißt, wirkt unfreiwillig komisch. Natürlich kann man sich das auch zunutze machen und absichtlich extrem unpassende Namen aussuchen. Das hängt davon ab, welche Reaktion Sie der Leserin erreichen wollen.

Schauplätze

Wo soll der Roman spielen? Hierfür bietet sich natürlich immer Ihr eigener Wohnort und die nähere Umgebung an. Bei Orten, die Sie sehr gut kennen, haben Sie es leicht, dem Leser eine anschauliche und realistische Beschreibung zu geben.

Zu der Zeit, in der ich „Netzinfarkt“ geschrieben habe, hätte ich Ihnen auch geraten, ausschließlich Örtlichkeiten zu nehmen, die Sie persönlich kennen. Da ich in dem Thriller einige Plätze in fernen Ländern brauchte, war ich froh, dass ich auf Erinnerungen an Reisen nach Ägypten und Botswana zurückgreifen konnte. Hätte ich die entsprechenden Szenen geschrieben, ohne jemals dagewesen zu sein, wäre ich sehr schnell von Lesern entlarvt worden, die schon mal dort gewesen sind.

Heute gibt es aber ganz andere Möglichkeiten als damals. Das Zauberwort heißt hier Google Street View – auch wenn ich eigentlich kein Freund von Werbung für bestimmte Marken bin. Hier können Sie sich aber die Gegebenheiten von sehr vielen Orten auf der ganzen Welt ansehen.

Für „Töte, um zu leben“ brauchte ich ein Lokal in einem kleinen Ort in Süditalien. Außerdem musste hier jemand unauffällig verfolgt werden. Einen Friedhof benötigte ich ebenfalls. Über eine Landkarte im Internet war es kein Problem, auch noch ein passendes Hotel für meine Charaktere zu finden. Für die Fahrt durch den Ort konnte ich digital auf der Straße entlang wandern und somit sogar einen real existierenden Zebrastreifen einbauen, an dem eines der Fahrzeuge halten musste. Man erkennt, wo ein kleines Café ist, wo Gärten sind und wo sich nur Brachland befindet. Besser geht es kaum.

Etwas Anderes ist es, wenn sich Ihre Charaktere in öffentliche Gebäude begeben. Natürlich macht es Spaß, Ihre Leser an tolle Plätze zu führen, und ein Besuch ihrer Helden im Louvre hat etwas Mondänes. Sollte Ihr Held aber beispielsweise den Petersdom betreten, ohne dass Sie selbst jemals dort gewesen sind, werden Sie es sehr schwer haben, eine glaubwürdige Beschreibung abzugeben. Wenn es trotzdem unbedingt notwendig ist, dass Ihre Figur ein bekanntes öffentliches Gebäude betritt, welches Sie nicht kennen, dann suchen Sie sich unbedingt jemanden, der kürzlich dagewesen ist und

Ihnen die Eindrücke im Inneren vermitteln kann. Das klassischste Beispiel dafür ist wohl Karl May, der unzählige Geschichten geschrieben hat, die in fernen Ländern spielen, ohne dass er jemals dort gewesen ist. Aber seien Sie vorsichtig mit einem Vergleich! Zu seiner Zeit war es noch etwas Besonderes, einen anderen Kontinent zu bereisen. Urlaub in Asien oder Afrika konnte sich kaum jemand leisten. Dementsprechend gab es auch nicht viele Leserinnen, die mögliche Unwahrheiten hätten entdecken können. Heutzutage ist ein Urlaub mit einem 12-Stunden-Flug etwas relativ Normales. Für beinahe jede größere Sehenswürdigkeit findet sich im Bekanntenkreis oder unter den Kollegen mindestens eine Person, die sie schon gesehen hat. Deshalb ist bei entsprechenden Beschreibungen wirklich Vorsicht geboten. Verärgern Sie niemanden mit Dingen, die Ihre Leserinnen eventuell besser wissen als Sie!

Eine weitere Möglichkeit bieten immer erfundene Schauplätze. Wenn Sie ein Bürogebäude oder eine Werkstatt brauchen, dann kann es sein, dass eine exakte Ortsangabe gar nicht nötig ist. Es reicht oftmals, einen Stadtteil oder auch nur den Ortsnamen zu nennen. Einen abgelegenen Hof außerhalb geschlossener Ortschaften kann Ihre Protagonistin erreichen, indem sie von einer nicht genauer spezifizierten Landstraße irgendwann abbiegt. Besonders wenn Sie ein Gebäude nur einmalig brauchen, ohne dass eine Figur nochmals dort hinfahren muss, kommt ein fiktives, nicht existentes Gebäude in Frage. Hier können Sie Ihrer Fantasie dann freien Lauf lassen und die Dinge so herrichten, wie Sie sie brauchen. Es ist sogar möglich, den ganzen Roman in einem fiktiven Ort spielen zu lassen. Wenn Sie an keiner Stelle erwähnen, wie der Ort heißt, dann kann es irgendwo auf der Welt sein. Hier können Sie Straßennamen, Sehenswürdigkeiten und sonstige Örtlichkeiten beliebig erfinden. Machen Sie Ihren Job gut, so wird kaum ein Leser bemerken, dass Sie sich alles nur ausgedacht haben.

Innenarchitektur

In Ihrem Roman wird es manche Orte geben, die immer wieder auftauchen. Zum Beispiel die Wohnung, in der Ihre Protagonistin lebt. Ebenso kann der Ort des Verbrechens mehrmals von verschiedenen Figuren aufgesucht werden. Auch eine Bar, ein Bürogebäude oder eine Fabrik, von der aus die Bösen agieren, wird in verschiedenen Kapiteln auftauchen. Wenn es sich um erfundene Gebäude handelt, müssen Sie aufpassen, dass es darin jedes Mal gleich aussieht! Ein aufmerksamer Leser würde es merken, wenn Person A eine Küche verlässt und sich nach links wendet, um ins Wohnzimmer zu gelangen, während Person B nach rechts geht, um von der Küche ins Wohnzimmer zu gehen.

Ich habe es mir angewöhnt, von den wichtigsten fiktiven Gebäuden eine Skizze anzufertigen. So kann ich sogar bei einem Folgeroman noch die Gegebenheiten Konsistent halten. Das erspart Ihnen nicht nur grobe Fauxpas, sondern auch viele Grübeleien. Sobald Sie unsicher sind, werfen Sie einfach ein Blick in Ihre Skizze. Ob Sie diese mit Papier und Bleistift anfertigen, oder mit den Zeichenfunktionen einer Tabellenkalkulation oder einem speziellen Malprogramm, spielt dabei keine Rolle. Da es ausschließlich um die Dokumentation Ihrer Ideen und Vorstellungen geht, spielt nicht mal die Qualität eine Rolle. Selbst eine schnelle Zeichnung auf einem Schmierzettel kann ausreichend sein, solange Sie selbst noch schlau daraus werden.

Wenn Sie die Wohnung Ihrer Heldin kreieren, überlegen Sie gegebenenfalls, wo die Figur ihr Fahrzeug parkt. Entweder planen Sie gleich eine Garage mit ein, oder überlegen in welcher Entfernung das Fahrzeug abgestellt werden muss. Wenn jemand sich abends nach Feierabend darüber ärgert, dass mal wieder kein Parkplatz frei ist, dann trägt das dazu bei, die Story lebendig zu machen. Viele Leser werden sich sofort mit der Figur identifizieren, da es ihnen oft genauso ergeht. So können Sie schnell aus einer Not eine Tugend machen.

Bei Gebäuden, in die jemand unrechtmäßig eindringen muss, überlegen Sie früh genug, wie das geht. Gibt es Sicherheitsvorkehrungen? Eine Alarmanlage? Liegt das

Gebäude im Sichtfeld von Nachbarn oder kann es nicht eingesehen werden? Laufen Wachhunde auf dem Grundstück herum?

Natürlich können Sie sich diese Dinge auch später einfallen lassen, wenn Sie gerade zu der entsprechenden Stelle in Ihrem Roman gelangen. Spätestens dann aber sollten Sie sich Notizen zu den Dingen machen, die Sie gerade erfunden haben. Das kann Ihnen später viel Arbeit und Zeit ersparen.

Öffentliche Verkehrsmittel

In vielen Büchern benutzen die Figuren Straßenbahnen, Busse, Schiffe und Flugzeuge. Das ist wieder so ein Thema, welches vom Leser überprüfbar ist. Hier sollten Sie sich über die Frequenz der Verbindungen genau informieren. Stellen Sie sich vor, Ihre Figur verpasst eine Straßenbahn und legt dann einen anstrengenden Weg zu Fuß zurück, weil sie keine Zeit hat, eine Dreiviertelstunde auf die nächste Verbindung zu warten. Wenn dann ein Leser weiß, dass diese Verbindung im fünf Minuten Takt fährt, sind Sie ziemlich blamiert!

Ebenso verhält es sich mit Fluggesellschaften. Wenn Sie eine Airline von Frankfurt-Hahn starten lassen, die dort niemals zu finden war, wirkt Ihre Geschichte nicht sehr glaubwürdig. Und seien Sie versichert: Die Leserinnen schreiben schonungslose Kritiken! Jede Kleinigkeit, die ihnen auffällt, schmieren Sie Ihnen aufs Brot. Erst kürzlich habe ich auf einem großen Internet-Buchhandel zu einem Buch zahlreiche Kritiken gelesen, die sich mit der Tatsache befassten, dass die Heldin des Romans in Schottland überall mit Euro bezahlt, obwohl dort die hiesige Währung das Pfund ist (nein, es war keines meiner Bücher ;-)). Obwohl es nur eine Kleinigkeit ist, die an der eigentlichen Geschichte ja nichts ändert, ist das extrem schade und ärgerlich für die Autorin. Fehler machen wir alle – deshalb vermeiden Sie wenigstens die vermeidbaren!

Wenn Ihr Bösewicht eine Flugreise unternimmt, dann prüfen Sie nicht nur, von welchem Flughafen aus er starten kann, sondern auch bis wann er eingecheckt haben muss. Bei Zugfahrten schauen Sie nach, ob es wirklich eine Direktverbindung gibt, oder ob man umsteigen muss.

Generell gilt: Versuchen Sie jede Aktion Ihrer Figuren in der Realität nachzuvollziehen. Dann unterlaufen Ihnen auch keine bösen Fehler.

In welchem Milieu spielt die Geschichte?

Überlegen Sie, in welchem Umfeld die Handlung spielen soll. Im einfachsten Fall definieren Sie, dass es ein ganz normales Umfeld sein soll, in dem Durchschnittsmenschen leben. Aber vielleicht möchten Sie ja auch ein ganz bestimmtes Milieu oder eine konkrete Menschengruppe beleuchten. Gehören die involvierten Personen zu den Reichen, die sich mit allerlei Luxus umgeben? Oder zu einer bestimmten Sportlergruppe? Sind es vielleicht Handballerinnen oder Rennfahrerinnen? Ebenso gut wäre es vorstellbar, dass es sich um Obdachlose dreht, um Punker, Rechts- oder Linksradikale, um Damen aus dem horizontalen Gewerbe oder um Bettlergruppen. Handelt es sich um Studentinnen? Um Personen aus einem ganz bestimmten Berufszweig?

Wofür auch immer Sie sich entscheiden, befassen Sie sich mit dieser Art von Menschen. Was gibt es dort Besonderes? Sind die Leute eher arrogant und protzig oder eher bescheiden? Bedienen sie sich einer besonderen Sprache und haben eigene Ausdrücke für manche Dinge? Wie sieht es mit der Kleidung aus? Kann man daran, wie sie sich anziehen, erkennen, dass sie zu eben dieser Gruppe von Menschen gehören? Fahren sie besondere Fahrzeuge? Wenn Sie beispielsweise im Rocker-Milieu schreiben, dann sollten Sie sich entsprechendes Wissen über Motorräder aneignen. Liegt Ihr Fokus auf Sammler von Oldtimern, dann sollten Sie hierüber einige Kenntnis haben oder erlangen. Ebenso ist interessant, welche Art Musik Ihre Figuren hauptsächlich hören, wenn dies spezifiziert werden kann. Mit solchen Kleinigkeiten wird das Umfeld lebendig und authentisch.

Die Einrichtung ihrer Wohnungen kann manchmal ebenso Aufschluss über das Milieu geben. Meine Protagonistin aus „Spiel, bis du stirbst“ und „Töte, um zu leben“ hat natürlich ein Zimmer, welches sie als SM-Studio eingerichtet hat. Ein Sportler könnte ein kleines Fitness-Studio im Haus oder in der Wohnung, vielleicht sogar im Keller haben. Technisch versierte Menschen

haben eventuell ihr Zuhause automatisiert und steuern alles über ihr Smartphone.
Wichtig ist auch noch, mit was für Menschen sich die Personen des ausgesuchten Milieus umgeben. Achten Sie darauf, dass Sie nicht in Klischees abdriften! Eine Prostituierte hat nicht unweigerlich nur Kontakt zu Türstehern und Barkeepern. Hier kommt es auf die Art der Prostituierten an. Wenn es eine Stricherin ist, die sich den nächsten Schuss verdienen will, so kann das Klischee durchaus zutreffen. Aber es gibt auch solche, die sich die Kunden über das Internet suchen und sehr sorgfältig auswählen. Hierbei gibt es unter anderem hochintelligente Studentinnen, die so ihr Studium finanzieren. Deren Umfeld ist dementsprechend völlig anders als das der drogenabhängigen Straßennutte.
Also: Wenn Sie nicht schon ausreichende, fundierte Kenntnisse aus einem Bereich haben, dann beschäftigen Sie sich damit!
Neben den Informationen, die man im Internet findet, kann es auch sein, dass Sie sich das eine oder andere Fachbuch kaufen müssen. Einer meiner nächsten Romane wird beispielsweise einen psychisch kranken Menschen als sehr wichtige Figur haben. Über diese besondere Krankheit habe ich mir drei Fachbücher gekauft, weil im Netz nicht ausreichend Informationen zu finden waren. Die Bücher waren alle von langjährigen Psychologinnen geschrieben, sodass ich die Ausführungen darin als sehr glaubhaft einstufe.

Aufbau der Geschichte

Bevor wir die ersten Charaktere entwickeln, machen wir uns Gedanken darüber, wie unsere Geschichte eigentlich aussehen soll. Davon hängt nämlich ab, welche Art von Figuren wir brauchen. Wenn Sie sich dafür entschieden haben, zuerst eine Figur zu kreieren, um danach ein spannendes Thema zu suchen, dann ist die Reihenfolge natürlich anders.

Sie haben also das Thema ihres Thrillers festgelegt. Jetzt geht es darum, dieses Thema in eine Geschichte zu packen. Fragen Sie sich, wie eine (unschuldige) Person mehr oder weniger zufällig mit diesem Thema in Berührung kommt. Hier kann ich Ihnen wohl am wenigsten helfen, denn es hängt doch allzu sehr vom gewählten Thema ab. Wenigstens möchte ich Ihnen ein paar Möglichkeiten an die Hand geben.

1. Beispielsweise könnte die Protagonistin in einer Firma arbeiten, deren Leitung korrupt ist. Zufällig kommt sie hinter die Machenschaften, vielleicht weil sie ein Gespräch mit anhört oder sie fälschlicherweise auf dem E-Mail-Verteiler einer kompromittierenden E-Mail steht. Es kann auch sein, dass sie sich in einen Kollegen verliebt, der involviert ist. Oder sie muss sich von Berufswegen mit irgendwelchen Daten befassen, bei denen sie Unregelmäßigkeiten entdeckt. Wenn man die Figur massiver angehen will, könnte es auch sein, dass die Polizei den Drahtziehern der Dinge (um was es sich dabei auch immer handeln mag) auf den Fersen ist, und man einen Sündenbock braucht. In diesem Fall könnte Ihre Protagonistin als willkommenes Opfer missbraucht werden, indem man diverse Hinweise und Beweise fingiert, die zu ihr führen.

2. In einer anderen Variante könnte die Protagonistin von einer Wildfremden Person etwas übergeben bekommen. Die Fremde gehört vielleicht eigentlich zu den Bösen, hat aber irgendeinen Fehler gemacht. Nun sind ihre eigenen Leute hinter ihr her. Für den Fall, dass ihr etwas zustößt, will sie, dass die Täter entlarvt werden. Oder dass ihr beiseite geschafftes Geld ihrer Familie übergeben wird. Oder sie will einfach einen Gegenstand, den sie als Druckmittel verwenden kann, in Sicherheit bringen, damit man ihr den nicht abnehmen kann.

Die Protagonistin hat nun etwas in der Hand, mit dem sie zunächst überfordert ist. Im schlimmsten Fall hat sie nicht einmal eine Information darüber, was sie damit machen soll. Dann muss sie sich überlegen, wie sie damit umgeht. Doch die ehemaligen Freunde der Ganovin sind hinter ihr her …

3. Eine klassische Version ist, dass die Täterin den Verdacht auf eine unschuldige Person lenkt. Überlegen Sie, was sie als Täterin tun würden, damit die Polizei eine andere verdächtigt! Können Sie ihr irgendwelches Beweismaterial unterschieben? Oder haben Sie bereits vor Verüben der Tat recherchiert und einen Zeitpunkt ausgewählt, für den Ihre Zielperson kein Alibi haben kann? Ein richtiger Bösewicht würde sich natürlich jemanden dafür aussuchen, der auch noch ein Motiv für das Verbrechen hätte.

Es gibt viele Wege, der Polizei unbemerkt Hinweise zuzustecken. So könnte man sich für kompromittierende elektronische Korrespondenz des Computers der Person bemächtigen, der man alles in die Schuhe schieben will. Als Beispielroman möchte ich hier meinen eigenen Roman „Hals in der Schlinge“ nennen, da Sie sich diesen kurzen „Thriller für zwischendurch“ kostenlos als eBook von meiner Webseite herunterladen können.

4. Ihre Heldin kommt zufällig kurz nach der Tat zum Tatort. Sie könnte noch ein paar Worte mit dem Opfer wechseln, dem sie nicht mehr helfen kann. Das Opfer könnte die Heldin davor warnen, zur Polizei zu gehen, weil die verbrecherische Gruppierung diese infiltriert hat und sofort erfahren würde, dass es eine Zeugin gibt. Dazu könnte es Hinweise geben, auf welche Weise den Bösewichten beizukommen wäre. Nun hat Ihre Heldin zwei Möglichkeiten: Entweder, sie muss sich ihr Leben lang vor den Bösen verstecken, oder sie sorgt dafür, dass die Ganoven ihrer gerechten Strafe zugeführt werden.

5. Ihre Hauptfigur kommt an einen Ort, an dem sich zuvor eine Person in Bedrängnis befunden hat. Diese fremde Person hat irgendetwas gemacht oder hinterlassen, um auf ihre Situation aufmerksam zu machen. Ob das nun in eine Holzwand geritzte Zeichen sind oder ein geschriebener Brief, bleibt Ihnen überlassen. Möglichkeiten gibt es tausende. Es sollte aber etwas sein, das die Polizei als Streich von Kindern oder ähnlichem abtun kann. Hierbei muss man aufpassen,

dass es den Lesern realistisch erscheint. Ich habe schon zu viele Romane gelesen, bei denen ich mir gedacht habe: „So blöd kann die Polizei doch gar nicht sein!"
Ihre Hauptfigur könnte, im Gegensatz zur Polizei, davon überzeugt sein, dass der gefundene Hinweis ernst gemeint ist. Also beginnt sie zu recherchieren und gerät in einen Strudel von Ereignissen, die sie nicht mehr beeinflussen kann.

Das sind nur ein paar wenige von abertausenden von Möglichkeiten! Oft ist es so, dass Sie mit einer recht einfachen Idee beginnen, und diese dann bei der Ausarbeitung immer mehr verfeinern. Häufig kommen bei der detaillierten Ausarbeitung zusätzliche Ideen ganz von selbst. Manchmal hat man auch einen Geistesblitz, der die ursprüngliche Idee völlig über den Haufen wirft und etwas komplett Neues darstellt. Zögern Sie nicht, einmal gefasste Ideen zu revidieren. Nehmen Sie immer das, was Sie aus Ihrem Bauchgefühl heraus für das Beste halten; das, was Sie gerne schreiben würden!

Aufbau der Geschichte unseres Romans

Nun wollen wir grob festlegen, was in unserem Roman „Sklaverei 2.0“ geschieht. Wie wollen wir die Handlung aufbauen? An dieser Stelle beschreiben wir die Handlung nur ganz grob, damit wir einen roten Faden haben, an dem wir uns festhalten können. An jedem Punkt, an dem wir uns noch weitere Details ausdenken oder recherchieren müssen, schreibe ich ein entsprechendes To-do in den Text. Das mache ich normalerweise nicht, halte es aber für wichtig, dass Sie erkennen, wie viel Arbeit aus manchen Kleinigkeiten resultieren kann.
Weitere Anmerkungen mache ich, wenn ich spontan eine Idee habe. Das mache ich immer. Eine kurz aufflackernde Idee ist nämlich ganz schnell auf nimmer Wiedersehen verschwunden! Machen Sie sich deshalb immer Notizen, wenn Ihnen etwas einfällt. Auch, wenn es vielleicht noch nicht ganz ausgegoren ist. Verfeinern können Sie Ihre Ideen später noch!

Ich schlage für unseren Roman folgende Handlung vor:
Die Eigentümer der Firma suchen sich die Arbeitskräfte in Deutschland. Hierbei achten sie darauf, dass die Personen, die sie entführen, möglichst nicht vermisst werden. Deshalb wählen sie Menschen aus, die keine Familie haben und beispielsweise gerade erst in die Stadt gezogen sind. Vielleicht auch Jugendliche, die von zuhause abgehauen sind und auf der Straße leben.
Eines der Opfer ist eine 21jährige amerikanische Studentin, die ein Auslandsjahr in Deutschland macht.
To-do: An dieser Stelle müssen wir recherchieren, welche Möglichkeiten es da tatsächlich gibt! Kann eine amerikanische Studentin ein Jahr lang in Deutschland studieren? Oder müssen wir das ändern und sie ist nur in den Semesterferien für sechs oder zwölf Wochen in Deutschland! Was ist realistisch?
Wir legen fest, dass sie wohlhabend genug ist, um für die Dauer ihres Aufenthalts eine möblierte Wohnung anzumieten.
To-do: Überlegen wo sie das Geld herhat. Von ihren Eltern? Vielleicht hat sie es sich auch einfach erspart? Ist sie dafür jobben gegangen?

Sie hat also eine Wohnung für ein paar Wochen oder Monate. Außerdem hat sie sich für Kurse der Volkshochschule eingeschrieben, deren Inhalte auch für die Produktion in unserer dunklen Firma gebraucht werden können. Hier könnten die Bösewichte beispielsweise nach potentiellen Opfern suchen. Das wäre schon mal eine Idee dafür, wie sie die richtigen Leute finden, die auch in der Lage sein werden, die benötigten Arbeiten auszuführen.

To-do: Festlegen was die Firma eigentlich produziert und um was für Kurse es sich handelt, bei denen das Mädchen sich eingeschrieben hat.

Um den Namen unserer Studentin festzulegen, habe ich in einer bekannten Suchmaschine folgende Suche gestartet: „Top1000 amerikanische Namen im Jahr 1996“. Aus den Mädchennamen habe ich mir Jamie ausgesucht. Natürlich können Sie den Namen beliebig durch einen anderen ersetzen.

In der ersten Woche ihres Aufenthaltes in Deutschland lernt Jamie zufällig einen deutschen Jungen kennen.

To-do: Wie und wo lernt sie ihn kennen?

Um diesem Jungen einen Namen zu geben, benutzte ich wieder die Suchmaschine, diesmal mit den Begriffen „Vornamen 1995 Deutschland“. Ich entschied mich für Niklas.

Nun ist Niklas eines Nachmittags bei Jamie.

To-do: Warum ist Niklas bei Jamie? Haben sie gleiche Interessen? Oder hat Jamie ihn nur auf einen Kaffee eingeladen? Oder waren sie sowieso gemeinsam unterwegs, und er ist nur kurz mit zu ihr raufgekommen?

Nach zwei Tassen Kaffee oder zwei Gläsern Cola muss Niklas kurz auf die Toilette. Als er wieder ins Wohnzimmer kommt, ist Jamie verschwunden. Einfach weg!

Unabhängig davon, ob wir den Leserinnen diese Information schon geben wollen, ist das Mädchen natürlich inzwischen entführt worden. Den Entführern war allerdings nicht bewusst, dass sich noch jemand in der Wohnung befunden hat. Während sie die Wohnung mit Jamie verlassen, hören sie noch die Toilettenspülung. Dadurch wird ihnen klar, dass es jemanden gibt, um den sie sich eventuell noch kümmern müssen.

To-do: Wie gelingt es den Entführern, so schnell in die Wohnung zu kommen und Jamie zu entführen.

Idee: Die Firmenbosse haben jemanden in die Kurse der Volkshochschule eingeschleust. Dieser Jemand ist nur für das Aussuchen und Ausspionieren der Opfer da. Weiterhin haben sie einen mobilen Schlüsseldienst in einem geschlossenen Transporter. Der Spionin braucht es nur zu gelingen, den Schlüssel für kurze Zeit in ihren Besitz zu kriegen. Dann wird er direkt vor dem Gebäude nachgemacht, und wandert sofort wieder dahin zurück, wo die eigentliche Besitzerin ihn vermutet.

Niklas ist natürlich verwundert. Als Jamie auch nach einer Stunde nicht wieder da ist, verlässt er die Wohnung. Nachdem Jamie auch zwei Tage später nicht wieder auftaucht und sich unter ihrer Handynummer immer nur die Mailbox meldet, geht Niklas zur Polizei. Doch der sind die Hände gebunden. Da Niklas eigentlich nichts über das Mädchen weiß, gibt es keinen wirklichen Hinweis auf ein Verbrechen. Niklas kann nicht einmal den Nachnamen des Mädchens benennen. Vielleicht hatte sie Heimweh und ist zurück in die Staaten geflogen. Vielleicht fand sie Niklas einfach nur unsympathisch und aufdringlich und wusste nicht, wie sie ihn sonst loswerden sollte.

Niklas jedoch ist sich sicher, dass da etwas Anderes hinter stecken muss. Er beschließt, selbst zu recherchieren.

To-do: Überlegen welche Ermittlungsansätze Niklas haben könnte.

Ideen (unausgegoren): Vielleicht hat er noch den Transporter mit dem mobilen Schlüsseldienst gesehen, als er aus dem Fenster bei Jamie geschaut hatte.

Vielleicht fragt er in der Volkshochschule nach und bekommt die Info, dass öfter junge Leute plötzlich nicht mehr zu den Kursen kommen.

Möglicherweise hat er aus Jamies Wohnung einer Eingebung folgend einen Zweitschlüssel für die Wohnung mitgenommen und kann deshalb ihre Sachen durchsuchen. Dabei bekommt er ihre Adresse heraus und kann sich mit ihren Eltern in Verbindung setzen. Oder mit dem Vermieter (wer ist überhaupt der Vermieter?).

Jedenfalls merken die Bösen irgendwann, dass Niklas versucht, etwas über sie herauszukriegen. Sie beschließen, ihn verschwinden zu lassen. Doch dem ersten Mordversuch entkommt er mit viel Glück. Wieder

hat er keine Beweise und die Polizei glaubt ihm nicht. Im Gegenteil: Nachdem er ja schon mit der Geschichte des verschwundenen Mädchens gekommen war und jetzt auch noch etwas von einem Mordversuch erzählt, hält man ihn für einen überdrehten Wichtigtuer. Hier müssen wir sehr vorsichtig vorgehen! Die Polizei ist in Wirklichkeit nicht so dumm, wie sie manchmal dargestellt wird. Deshalb müssen wir gut überlegen, wie wir Niklas' Geschichte so aufbauen, dass die Beamten ihm einfach nicht glauben können. Verwenden Sie hierfür lieber zu viel als zu wenig Zeit! An solchen Dingen hängt die Glaubwürdigkeit des ganzen Romans.
Niklas muss also ganz alleine mit der Situation zurechtkommen. Da er nicht weiß, ob sich der Mordversuch wiederholen wird, muss er den Männern zuvorkommen. Die einzige Chance, die er hat, ist alles über sie herauszufinden. Nur wenn er der Polizei stichhaltige Beweise liefern kann, wird man ihm helfen.

Das sollte nun erst einmal reichen, um zumindest einen Anfang schreiben zu können. Im weiteren Verlauf werden Sie merken, dass sich das eine oder andere etwas verselbständigt und plötzlich anders gemacht wird als ursprünglich geplant. Das ist nichts Schlimmes. An dieser Stelle möchten wir ja nur eine grobe Planung machen, damit wir mit unserer Arbeit beginnen können.
Außerdem haben wir schon einige To-dos zusammengeschrieben:

To-do-Liste:

- Recherchieren welche Möglichkeit eine amerikanische Studentin hat, ein Studienjahr in Deutschland zu machen. Wenn das nicht geht, welche Alternativen gibt es für einen mehrmonatigen Aufenthalt in Deutschland für sie?
- Wie und wo lernen Jamie und Niklas sich kennen?
- Warum ist Niklas an diesem Nachmittag bei Jamie?
- Welche Ermittlungsansätze hat Niklas?
- Später ergänzt: Was für Kurse besucht Jamie?

Auflösung

Es ist von Vorteil, wenn Sie bereits zu Anfang wissen, wie Ihre Heldin die ganze Sache am Ende auflösen wird. Ich habe das auch schon anders gemacht, aber stellen Sie sich vor, Sie schreiben 400 Seiten, um dann festzustellen, dass Ihnen keine plausible Lösung einfällt! Also überlegen Sie bereits vor dem Schreiben der ersten Seite, wie Ihre Protagonistin sich (und ggf. ihre Freunde) aus dem Schlamassel ziehen kann. Wenn Ihnen später etwas noch Besseres einfällt, zwingt sie ja niemand, an der ersten Version festzuhalten!

Am wichtigsten ist es, dass die Leser die Story glauben. Denken Sie also gut darüber nach, ob Ihre Idee wirklich funktionieren könnte. Natürlich kommt es ganz auf die Geschichte an, die Sie schreiben wollen. Deshalb kann man an dieser Stelle kaum Ideen dafür liefern. Aber als gutes Vorgehen hat sich folgendes bewehrt:

Nachdem man eine Idee hat, spielt man sie in Gedanken mindestens dreimal durch. Einmal aus der Sicht des Guten, einmal aus der Sicht des Bösen, und dann nochmals aus der Sicht des Guten.

Das erste Durchspielen ist dafür da um festzulegen was die Hauptfigur machen wird. Beim zweiten Durchlauf überlegt man sich, wie die Antagonistinnen (hey, ich habe wirklich daran gedacht, die weibliche Form zu nehmen!) reagieren würden. Dies wird das eine oder andere aus dem ersten Lauf nämlich wieder zunichtemachen. Jetzt müssen Sie für den dritten Versuch überlegen, wie die Protagonistin mit den Reaktionen der Bösen umgeht. Wie kann sie diese aushebeln?

Meistens sind noch viele weitere geistige Läufe nötig, denn auf jede Reaktion kann es wieder eine Gegenreaktion geben. Erst wenn Sie so weit sind, dass Sie sagen: „Jetzt können die Bösen wirklich nichts mehr machen“, sollten Sie mit ihrer Lösung zufrieden sein.

Es ist sicher erlaubt, die Bösen auch mal zugunsten der Heldin reagieren zu lassen. Passen Sie aber auf, dass die Reaktionen der Bösen immer realistisch und glaubwürdig sind! Außerdem dürfen Sie es damit nicht übertreiben. Wenn Ihrer Heldin alle Erfolge zufliegen, dann ist das Buch langweilig – und auch wieder unglaubwürdig.

Gut ist es, wenn man sich mit guten Freundinnen über das Thema unterhalten kann. Die Freundin soll sich in die Lage der Bösen versetzen und sich überlegen, wie sie reagieren würde. Dabei deckt man schnell Unzulänglichkeiten in der Geschichte auf. Allerdings ist das nicht jedermanns Sache, sich so offen über ein Projekt zu unterhalten, was noch ganz in den Startlöchern steht. Es geht notfalls auch alleine.

Auflösung für unseren Roman

Wir müssen uns überlegen, wie Niklas letzten Endes genügend Informationen zusammentragen kann, damit eine Anzeige bei der Polizei sinnvoll ist und zur Festnahme der Verbrecher führt.
Ohne genau zu wissen, was in der Fabrik vorgeht, wird man kaum etwas machen können. Man muss also zu aller erst irgendwie auf die Fabrik kommen. Wie immer gibt es hier zahlreiche Möglichkeiten. Eine davon stelle ich vor. Wenn Sie lieber eine völlig andere wählen möchten, dann tun Sie dies. Ist es Ihre eigene Idee, dann stehen Sie viel besser dahinter und werden bei der Ausarbeitung einen noch besseren Job machen!
Ich würde Niklas noch einen besten Freund geben, mit dem er darüber spricht. Diesen besten Freund würde ich weiblich machen. Damit hat er eine Verbündete, auf die er sich verlassen kann. Nennen wir sie Sarah. Gemeinsam entwickeln die beiden einen Plan. Sarah soll sich in den gleichen Kursen einschreiben wie Jamie. Bei den anderen Kursteilnehmern gibt sie vor, dass sie eigentlich im Ausland lebt. Ihre Eltern seien vor ein paar Jahren ausgewandert und sie sei mit ihnen gegangen. Diese Kurse wollte sie aber in Deutschland absolvieren, weil die Qualität einfach besser ist. Weiter behauptet sie, dass sie zufällig eine kurzfristig leer gewordene Wohnung bekommen hat. Die letzte Mieterin hatte die Miete nicht bezahlt und ist offenbar einfach verschwunden. Da Niklas noch den Zweitschlüssel von Jamies Wohnung hat, benutzen sie diese Wohnung als Sarahs neues Quartier. Die Details hierzu sind noch auszuarbeiten.
Niklas beobachtet stets die Wohnung, wenn Sarah dort ist. Um es für den Leser spannend zu machen, ist er natürlich ausgerechnet dann nicht zur Stelle, wenn Sarah entführt wird. Aber sie haben für solche Fälle vorgesorgt. Sarah trägt zwei Handys bei sich, die über das Internet ständig ihre GPS-Koordinaten senden. Zwei deshalb, weil die Bösen ein Handy erwarten und es ihr abnehmen werden. Heutzutage gibt es Handys in Form von Armbanduhren. Sarah könnte eine davon unter ihrer Jeans um den Unterschenkel tragen.
Sarah wird also entführt, ohne dass Niklas etwas dagegen unternehmen kann. Über das GPS-Signal findet

er heraus, dass sie in die Fabrik gebracht wurde. Nun muss er alles daransetzen, dort hinein zu kommen. Er schneidet sich die Haare kurz, färbt sie schwarz und tauscht die Kontaktlinsen durch eine Brille. Diese Idee muss er natürlich vorher bereits gehabt haben, damit zum richtigen Zeitpunkt schon alles vorbereitet ist.

Dann beobachtet er zunächst die Fabrik. Er findet heraus, dass jeden Tag um die gleiche Zeit die Mitarbeiter einer Reinigungsfirma kommen. Irgendwann geht er fünf Minuten nach den Reinigungskräften hinein und behauptet, dass er dazu gehöre, aber leider zu spät sei.

So haben wir dem jungen Mann Zutritt zu dem Gebäudekomplex gegeben. Er schafft es, sich irgendwo einen Putzeimer zu nehmen, und tut so, als würde er seinem Job nachkommen. Später versteckt er sich und lässt sich über Nacht einschließen. Zwar schafft er es nicht, in die unteren Bereiche vorzudringen, aber er kann einen Blick auf die Überwachungskameras von den firmeneigenen Sicherheitsleuten werfen. Dort sieht er nicht nur Sarah, sondern auch Jamie.

To-do: Wir müssen überlegen, wie die Bösen damit umgehen, wenn sie das Uhrenhandy bei Sarah bemerken!

Nun weiß er also, dass hier Menschen gefangen gehalten werden, wenn auch noch nicht warum. Am besten hat er, nachdem er die Fabrik entdeckt hat, im Internet recherchiert und weiß, dass man dort Dinge herstellt oder entwickelt, für die man Jamies Fachwissen gebrauchen kann. Damit hätte er ansatzweise eine Idee, wofür die Menschen gefangen gehalten werden.

Wir denken uns noch ein paar Dinge aus, mit denen er weiterzukommen versucht, die aber allesamt fehlschlagen. Immerhin schafft er es, regelmäßig als Reinigungskraft ins Gebäude zu kommen.

Irgendwann wird er aber von einem der Bösen verdächtigt und muss innerhalb des Gebäudekomplexes flüchten. Am Ende sieht er nur noch eine Chance: Er legt ein großes Feuer. Bei den Löschaktionen wird auch der Zugang zu dem Gefängnis entdeckt. Endlich können Jamie und Sarah befreit werden.

Natürlich ist das nur ein ganz grober Abriss von dem, was passieren soll, und es werden tausend Details

auftauchen, um die wir uns werden kümmern müssen. Aber das wird später Ihre Aufgabe sein, wenn Sie die Story fertig schreiben möchten.
Sicher hat die Idee auch noch die eine oder andere Schwäche, die es auszumerzen gilt. Beispiel: Warum filmt Niklas nicht die Bilder der Überwachungskameras mit seinem Handy ab, und zeigt das tags drauf der Polizei?
Aber als Grundlage für das Ende sollte es erstmal ausreichend sein. Wie gesagt: Haben Sie eine andere Idee, die genauso gut oder sogar besser ist, dann tauschen Sie sie einfach aus!

Spannungsbogen

Der Spannungsbogen ist dafür da, dass die Leserin mitfiebert, immer neugieriger wird, unbedingt wissen will, wie es weiter geht – kurz gesagt: bei der Stange gehalten wird. Je weiter die Story voranschreitet, umso neugieriger muss die Leserin werden. Parallel dazu muss auch die Spannung steigen, bis letzten Endes das große Finale die Erlösung bringt.

Aber ein Krimi oder gar ein Thriller hat nicht nur den großen, die ganze Geschichte umfassenden Spannungsbogen. Jede Begebenheit, die spannend dargestellt werden kann, hat ihren eigenen, kleinen Spannungsbogen. Dieser kann sich sowohl über mehrere Kapitel aufbauen, als auch in einem einzelnen Kapitel erschaffen und wieder abgebaut werden.

Die Kunst ist es, der Leserin genügend Informationen zu geben, dass sie neugierig wird und besten Falls Angst um die Protagonistin entwickelt, aber zu wenig, als dass sie das Geheimnis durchschauen und die Lösung erkennen kann.

Sie müssen hierbei vorsichtig sein. Wenn Sie der Leserin offensichtliche Dinge vorenthalten, nur um die Spannung aufrecht zu erhalten, dann wirkt ihre Geschichte zu konstruiert. Alles, was Ihre Protagonistin weiß, sollte auch die Leserin erfahren. Machen Sie es also für Ihre Protagonistin spannend – dann ist es auch für Ihre Leserinnen spannend!

Wer viel Fantasie hat, kann auch einen doppelten Spannungsbogen knüpfen. Hierbei wird es zwei Finale geben. Beim ersten löst Ihre Hauptfigur nur scheinbar das große Rätsel. Für einen kurzen Moment scheint alles ausgestanden zu sein, und alle atmen erleichtert auf. Doch dann muss die Figur plötzlich erkennen, dass sie völlig falsch gelegen hat, und die Gefahr absolut noch nicht gebannt ist. Im Gegenteil: Die Protagonistin gerät plötzlich in eine Lage, die aussichtsloser und gefährlicher ist als je zuvor. Nun kommt das richtige und endgültige Finale.

Ein solcher Aufbau ist sehr spannend zu lesen, aber nicht einfach zu realisieren. Immerhin muss die erste Lösung, die ja die falsche ist, plausibel sein. Die Leserin muss nachvollziehen können, dass Ihre Heldin auf diese Lösung gekommen ist. Ebenso plausibel muss aber auch

der endgültige Sachverhalt sein. Wenn man dies nicht gewährleisten kann, sollte man besser die Finger davonlassen.
Um die Spannung immer ein Stück weiter zu steigern, überlegen Sie, welche Unannehmlichkeiten für Ihre Heldin auftauchen können. Welche Knüppel können die Bösen ihr zwischen die Beine werfen? Was kann passieren, um die ohnehin schon missliche Lage noch schlimmer zu machen? Steigern Sie die negativen Ereignisse hierbei langsam, sonst haben Sie zu früh Ihr Pulver verschossen. Oder Sie haben, gerade wenn Sie statt eines Krimis einen Thriller schreiben wollen, genügend Pulver, um Ihre Figuren ständig von einer misslichen Lage in die nächste werfen zu können. Gerade, wenn eine brenzlige Situation gemeistert wurde, taucht auch schon die nächste auf. Die Protagonistin kommt niemals zur Ruhe und der Puls bleibt durchgängig auf einem hohen Niveau.
Auch hier überlegen Sie wieder: Wie würden Sie eine solche Geschichte gerne lesen? Wie müsste es geschrieben sein, damit es Ihnen gefällt und Sie es als tolles Buch empfinden würden?

Kapitel-Inhalte als roter Faden

Es gibt viele Schriftstellerinnen, die sehr früh die genaue Handlung ausarbeiten. Sie legen fest, was in welcher Reihenfolge passieren soll und unterteilen die Handlung bereits jetzt in die einzelnen Kapitel. Am Ende liegt ihnen also eine Kapitelliste des ganzen Buches vor. Jetzt brauchen sie die Liste nur noch Punkt für Punkt abzuarbeiten und die einzelnen Bausteine zu schreiben.
Wenn Sie sich unsicher sind und befürchten, dass Sie sich beim Schreiben verzetteln, dann können Sie mit diesem Hilfsmittel vorbeugen. Natürlich müssen Sie sich dann am Anfang noch viel mehr Gedanken machen, denn Sie müssen bereits die ganze Story bis ins Detail kennen.

Ich persönlich habe nie so gearbeitet, weil es mir einfach zu unflexibel ist. Oft ist es bei mir so, dass ich noch während des Schreibens zusätzliche Einfälle kriege, die in einen einmal festgelegten Handlungsablauf nicht reinpassen würden. Häufig ergeben sich Dinge auch daraus, dass irgendeine Figur so handelt, wie sie ihrem Charakter zufolge einfach handeln muss. Wenn ich dann schon etwas anderes festgelegt hätte, würde ich vor einem großen Problem stehen. Entweder müsste ich die vorgefasste Handlungsabfolge doch wieder ändern, oder ich lasse die Figur anders handeln – was sie dann weniger glaubwürdig machen würde.

Durch die spontanen Einfälle, mit denen ich selbst nicht gerechnet hätte, werden die Geschichten sehr lebendig und abwechslungsreich. Dennoch kann es sein, dass für Sie der Weg über eine festgelegte Reihenfolge der beste ist. Das können nur Sie selbst beurteilen. Auch wenn Sie diesen Weg wählen, müssen Sie die meisten anderen Dinge beachten, über die ich später noch schreiben werde, nur müssen sie diese eben zu einem früheren Zeitpunkt beachten. Deshalb empfehle ich, dieses Buch erst bis zum Ende durchzuarbeiten. Wenn Sie dann noch immer der Meinung sind, dass eine Kapitelliste für Sie der ideale Arbeitsweg ist, dann wählen Sie diese Variante!

Damit die Liste der Kapitel für Sie eine wirkliche Hilfe ist, müssen Sie große Sorgfalt beim Anlegen walten lassen. Es ist absolut nicht ausreichend, einfach ein paar Überschriften zu notieren! Zu jedem Kapitel müssen Sie sich Details aufschreiben. Notieren Sie sich alles, was

Ihnen beim Erdenken des Kapitels durch den Kopf geht. Wenn Sie später diesen Baustein des Buches ausarbeiten, dann müssen Sie alle wichtigen Informationen hierzu parat haben. Um Ihnen zu verdeutlichen, was ich meine, gebe ich ein schlechtes und ein gutes Beispiel dazu.

Schlechtes Beispiel:
Mr. Smith kommt am Haus der Familie Kingsroad an, klingelt und erschießt alle sich im Haus befindlichen Personen. Nur James, der jüngste Sohn der Kingsroads, kann entkommen.

Besseres Beispiel:
Mr. Smith kommt mit dem gestohlenen Auto am Haus der Familie Kingsroad an. Er kennt die Umgebung von seinen Beobachtungen vor einigen Monaten. Als er klingelt, stellt er sich so, dass man durch den kleinen Türspion nicht die Narbe auf seiner linken Wange sehen kann. Frau Kingsroad öffnet die Tür und er erschießt sie sofort mit einer Pistole mit Schalldämpfer. Dann geht er ins Haus, durchsucht jedes Zimmer nach weiteren Personen und erschießt diese ebenfalls. Dass James, der Mr. Smith durch das Fenster gesehen hatte, durch die Hintertür im Keller entkommt, bemerkt er nicht. Dann fährt er weg und stellt das gestohlene Auto auf einem Waldparkplatz ab.

Warum schreiben wir nun so viele Details für unser Kapitel zusammen? Können wir das nicht erst festlegen, wenn wir das Kapitel schreiben? Die Antwort lautet: Nein, das können wir nicht! Da wir ganz zu Anfang den Ablauf der Geschichte festgelegt haben, müssen wir uns nun strickt daran halten. Dinge, die wir in diesem Kapitel schreiben, können Einfluss auf spätere Kapitel haben oder von früheren beeinflusst worden sein. Nun ist es möglich, dass Sie die früheren Kapitel vor einigen Monaten geschrieben haben und nicht mehr jedes Detail auf dem Schirm haben. Deshalb muss hier stehen, dass Mr. Smith die Gegend bereits kennt. Ein Mensch bewegt sich in einer bekannten Umgebung anders als in einer unbekannten! Hier muss Mr. Smith nicht erst nach der richtigen Hausnummer suchen, sondern er geht zielstrebig auf das Haus zu. Da er mit einem geklauten

Fahrzeug kommt, ist es ihm auch egal, ob jemand das Auto bemerkt und vielleicht das Kennzeichen aufschreibt. Deshalb kann er ganz in der Nähe parken.
Es könnte sein, dass Sie in einem früheren Kapitel einen Zeitungsartikel erwähnt haben, in dem von einem Massenmörder die Rede war, der eine Narbe auf der Wange trägt. Wenn Sie dann nicht daran denken, dass der Mann die geschädigte Wange zur Seite drehen muss, wenn er vor der Tür steht, dann fragt sich die Leserin, warum Frau Kingsroad die Tür überhaupt öffnet.
Schießt Mr. Smith ohne Schalldämpfer, wären alle anderen Personen im Haus sofort gewarnt. Der Ablauf im Haus würde völlig anders sein, da eine Panik bei den Hausbewohnern ausbrechen würde. So aber kann der Täter in aller Seelenruhe durch das Haus wandern und eine Person nach der anderen abknallen.
Natürlich war das jetzt ein einfaches Beispiel, bei dem ich ein paar Dinge angenommen oder vorausgesetzt habe. Es sollte Ihnen aber zeigen, wie wichtig die Kleinigkeiten sind. Vergessen Sie eines der Details, weil Sie sich keine Notizen dazu gemacht haben, werden die Leserinnen Sie entlarven und mit schlechten Rezensionen bedenken. Nehmen Sie sich also besser die Zeit und arbeiten genau. Lieber ein gutes Buch in zwei Jahren schreiben, als in einem viertel Jahr ein fehlerhaftes und unschönes Werk.

Lebensläufe der Charaktere erstellen

Bevor wir einige Figuren für unseren Roman „Sklaverei 2.0“ entwickeln, möchte ich noch kleine Hinweise auf Hilfsmittel geben.

Jeder Lebenslauf beginnt mit der Geburt. Alle weiteren Daten wie Alter, Tag der Einschulung, Erlangen des Abiturs und so weiter leiten sich vom Geburtsdatum ab. Deswegen sollten Sie tatsächlich einen ganz bestimmten Tag dafür festlegen, auch wenn er im Buch nie genannt wird. Immerhin kann es sein, dass Ihr Roman oder gar Ihre Buchreihe über mehrere Jahre geht. Vielleicht ist auch mal eine Geburtstagsfeier wichtig. Aber wann ist die? Sie möchten ja, dass die Leser die Feier miterleben. Dazu gehört das ganze Drumherum: Ist es Sommer oder Winter? Kann man eine Grillfeier daraus machen oder eher nicht? Liegt Laub auf der Straße und leuchten die Blätter der Bäume in allen Farben, weil Herbst ist? Oder haben wir dreckigen Schneematsch und eine ungemütliche, klirrende Kälte?

Selbstverständlich kann es sein, dass Sie in Ihrem Buch keine Jahreszahl angeben wollen. In der Tat halte ich das auch für besser, denn wenn Ihr Thriller im Jahr 2011 spielt, kann es sein, dass ihn 2016 niemand mehr für aktuell hält. Bei einem historischen Roman, der etwa im Jahre 1734 spielt, ist das hingegen völlig egal. Doch auch, wenn Sie im Buch selbst keine Jahreszahl angeben wollen, legen Sie sich beim Geburtsdatum Ihrer Figuren zunächst auf ein Jahr fest. Das hilft Ihnen später, die Daten der einzelnen Figuren zu synchronisieren. Wenn Sie beispielsweise an einer Stelle eine Rückblende einbauen, in der eine Begebenheit erzählt wird, die bereits einige Jahre zurückliegt, wie alt waren dann zu dieser Zeit die einzelnen Charaktere? Mit Jahresgenauen Lebensläufen ist das schnell ermittelt.

Legen Sie auch fest, wer und wie alt die Eltern waren, als Ihre Figur geboren wurde. Außerdem sollten Sie für die Eltern mindestens einen Beruf festlegen. Vielleicht brauchen Sie die Informationen später nicht, aber sollten Sie irgendwelche Hintergründe benötigen, ist es leichter, wenn Sie bereits alles festgelegt haben und nicht noch

einmal anfangen müssen, in der Vergangenheit der Personen herumzuarbeiten.
Die Lebensläufe, die Sie erstellen, sollten von der Geburt bis zu dem Tag reichen, an dem die Haupthandlung Ihres Romans beginnt. Je nach Alter der Figur gehört dazu die schulische Bildung, eine eventuelle Ausbildung und der berufliche Werdegang. Ebenso sollte der private Lebenslauf enthalten sein: Welche Freunde und Freundinnen gab es, bzw. wann wurden diese Freundschaften geschlossen? Wann gab es die erste feste Beziehung und wie viele davon gab es bisher? Wurden bestimmte Hobbys oder Sportarten ausgeübt? Wenn ja, gab es gewonnene Wettbewerbe? Für welche Dinge interessierte sich die Figur? Gab es einschneidende Ereignisse im bisherigen Leben? Sind Eltern, Geschwister oder Freunde gestorben? Hatte es Unfälle gegeben? Wechselte die Figur irgendwann von Brille zu Kontaktlinsen? Wenn ja, warum? Haben bestimmte Erlebnisse die Figur geprägt?
Je mehr Sie über die Vergangenheit Ihrer Heldin wissen, umso besser kennen Sie sie und umso lebendiger können Sie sie darstellen. Lassen Sie sich ruhig einige unwichtige Details einfallen. Wer weiß, ob diese Details Ihnen nicht später helfen, und sei es nur, damit die Personen in Ihrem Roman sich auch mal über alte Zeiten unterhalten können.

Weiterentwicklung von Figuren

Jeder Mensch entwickelt sich im Laufe seines Lebens weiter. Auch Ihre Figuren können oder müssen sich weiterentwickeln. Ein in Not geratener Feigling, der es nicht schafft, über seinen Schatten zu springen, wird in einer lebensbedrohlichen Situation sterben. Unsere Protagonistin allerdings darf nicht sterben, zumindest zunächst nicht, da die Geschichte sonst vorbei und das Buch zu ende wäre. Meistens sind die Protagonistinnen in einem Thriller aber nicht als Heldinnen geboren. Im Gegenteil: Am spannendsten ist es für die Leser, wenn ein völlig unbedarfter Mensch plötzlich in eine schräge und gefährliche Situation gerät. Damit dieser Mensch am Ende die Situation meistern kann, ohne dabei sein Leben zu verlieren, muss er sich notgedrungen während der Geschichte weiterentwickeln.

Jetzt wird es allerdings etwas kompliziert und von Ihnen ist sehr viel Fingerspitzengefühl gefragt. Zunächst sollte sich das „über sich hinauswachsen" auf eine Person oder zumindest auf sehr wenige Figuren beschränken. Eine Ausnahme gäbe es, wenn als Protagonistinnen eine Gruppe definiert wäre, beispielsweise die fünf Freunde von Enid Blyton, die drei Fragezeichen von Alfred Hitchcock oder die Virals von Kathy Reichs.

Ansonsten darf man damit nicht übertreiben. Wenn nämlich plötzlich jeder so viel Kraft in sich hätte, dass er/sie zu wahren Heldentaten fähig ist, dann würde es uns niemand abnehmen! In Wirklichkeit ist es doch eher so, dass ein Feigling ein Feigling bleibt, ein Großmaul ein Großmaul, und eine starke Persönlichkeit eine starke Persönlichkeit. Deshalb bleiben Sie immer beim Charakter einer Figur! Zeichnen Sie die Eigenschaften der Menschen ruhig sehr deutlich, sodass der Leser an der einen oder anderen Stelle schon weiß, was eine Figur tun wird, weil sie mit ihrem Charakter eben nur so handeln kann. Das gibt dem Leser das Gefühl, die Figur zu kennen.

Die Schwierigkeit hierbei ist aber, dies auf solche Dinge zu beschränken, die für die Handlung nicht allzu wichtig sind, damit der Leser nicht die Auflösung des Buches oder einzelner Teile dadurch schon vorher weiß. An manchen Stellen kann man es auch zum Aufbau von Spannung nutzen, wenn man beispielsweise eine

Freundin der Hauptfigur in eine Situation laufen lässt, bei der jeder Leser genau weiß, dass die Freundin da nicht alleine herauskommen kann – schlichtweg, weil ihr das Zeug dazu fehlt. Dann schwitzt die Leserin mit dem Pechvogel und will sie regelrecht davon abhalten, weiter zu gehen. Die Leserin fühlt also mit der Person.
Aber auch die Weiterentwicklung der Hauptfigur muss nachvollziehbar sein. Wenn eine ängstliche Frau sich einfach in die Höhle des Löwen begibt, dann wird man es als unrealistisch empfinden. Man muss es sich also langsam entwickeln lassen. Dazu muss man die Figur „erleben" lassen, dass es einfach keine andere Möglichkeit gibt. Bei der Durchführung der Aktion muss die Figur große Angst verspüren. Sie darf es nicht „einfach so" machen, als ob sie das jeden Tag tun würde. Lassen Sie Ihre Heldin schon vorher einzelne Schritte in die richtige Richtung tun, bei der sie sich vornimmt, sich nicht mehr alles gefallen zu lassen. Anfangs tut sie sich noch schwer damit, aber irgendwann ringt sie sich angstvoll dazu durch, jemandem Widerworte zu geben - um nur ein Beispiel zu nennen. Je kleiner die Schritte sind, umso besser kann der Leser die Entwicklung nachvollziehen.
Bei allen Randfiguren tun Sie gut daran, ihren Charakter unverändert zu lassen. Wenn die Hauptfigur auf den ultimativ Bösen trifft, so darf dieser unsere Heldin auch nach vielem Bitten und Betteln nicht frei lassen!
Der ewige Miesepeter darf nicht plötzlich galant sein. Ein Sprücheklopfer darf nicht damit aufhören, seine Sprüche zu klopfen. Nur so erkennt der Leser mit der Zeit, um was für einen Menschen es sich handelt. Er „kennt" ihn dann irgendwann, auch wenn die Figur im Roman nicht ständig auftaucht.
Genau dafür machen wir uns ja vorher die Notizen, Lebensläufe und Charakterbeschreibungen von den Figuren.
Wenn wir eine witzige oder kauzige Person kreieren, dann freut sich der Leser mitunter jedes Mal bei ihrem Erscheinen. Wenn wir das schaffen, dann haben wir etwas richtig gemacht.
Selbstverständlich gibt es auch hier wieder Ausnahmen. Wenn Ihr Buch sich über viele Jahre hinweg zieht, dann kann jemand, der lange erfolglos gegen etwas angekämpft hat, durchaus resignieren. Über längere

Laufzeiten können sich auch Randfiguren weiterentwickeln. Aber auch hierbei muss es in jedem Fall glaubhaft sein. Ein sadistischer Mensch wird nicht plötzlich zu einem Menschen- oder Tierretter mutieren. Sollte er es doch tun, dann muss es hierfür kolossale Gründe geben! Vielleicht ist er selbst in die Situation gekommen, in der er ausgiebig gequält wurde und versteht jetzt erst, was er anderen angetan hat. Aber solche Dinge müssen dem Leser dann entsprechend nahegebracht werden.

Welcher Tag ist heute?

Auch wenn Sie Ihren Roman in keinem bestimmten Jahr spielen lassen wollen, sollten Sie sich ein Referenzjahr aussuchen, in das Sie die Handlung zunächst hineinversetzen. Dieses Referenzjahr wird nirgendwo in Ihrem Text zu finden sein, Sie benutzen es nur zur Dokumentation. Sehr schnell passiert es nämlich, dass man beim Schreiben die Tage verwechselt oder Wochenenden nicht bedenkt. Überlegen Sie, was sich der Leser denken würde, wenn eine Büroangestellte an 9 Tagen hintereinander ins Büro geht, ohne einen freien Tag dazwischen zu haben? Oder es gibt eine Verabredung für einen Freitag, und der Leser bemerkt, dass dieser Tag rechnerisch ein Samstag sein müsste? Am Ende geht noch eine Studentin sonntags in die Uni oder jemand im Baumarkt einkaufen ;-)

Mir ist so etwas einmal passiert. Zum Glück habe ich es selber noch während des Schreibens gemerkt. Aber ich musste die letzten 40 Seiten überarbeiten und die Tagesnamen zurechtrücken. Seitdem habe ich es mir angewöhnt, einen Zeitstrahl mitzuschreiben. Zu jedem Tag, der im Buch auftaucht oder an dem etwas für den Roman Wichtiges geschieht, notiere ich den Namen des Wochentages, das Datum und natürlich stichpunktartig das, was an diesem Tag passiert. Das Datum selbst muss im Buch nicht auftauchen. Da alle paar Jahre die Wochentage auf das gleiche Datum fallen, könnte das Buch also ebenso in einem anderen Jahr spielen.

Diese Liste führe ich chronologisch fort. Ob Sie das auf einem Zettel, in einem Heft oder digital auf dem Laptop oder PC machen, ist egal. Ich persönlich bevorzuge die digitale Version in einer Tabellenkalkulation oder einer Textverarbeitung. Damit kann ich leicht zusätzliche Zeilen einfügen, wenn ich etwas vergessen habe.

Ihr Zeitstrahl muss nicht sehr aufwendig gestaltet sein. Schlichte Einträge tun es allemal.

Beispiel:

15. Januar, Mittwoch:

Peter trifft sich mit Karin. Er kann sie überzeugen, dass nur er ihr helfen kann. Sie verabreden sich für kommenden Freitag.

Nachmittags fährt Gerd zu Karins Wohnung um sie zu beobachten.
Abends fährt Karin zu Lisa und wird dabei von Gerd verfolgt.
16. Januar, Donnerstag
Nachdem Karin bei Lisa übernachtet hat, fahren die beiden gemeinsam in den Wald zu Toms Versteck. Gerd folgt ihnen und kennt von nun an das Versteck. Tom erzählt, was er von der Sache weiß.
Nachdem Karin und Lisa wieder weg sind, wird Tom von Gerd überfallen. Gerd tötet Tom.
17. Januar, Freitag
Peter und Karin treffen sich. Karin berichtet, was Tom ihr erzählt hat. Peter ist besorgt und fährt sofort zu Tom. Er entdeckt die Leiche.

Da Sie die ganze Geschichte und alle Details kennen, reichen wenige Worte, um Sie daran zu erinnern, was genau an dem einen oder anderen Tag passiert ist.
Wenn Sie für jeden neuen Tag sofort einen Eintrag machen, können Sie sich mit den Wochentagen nicht mehr vertun.

Es gibt Romane, in denen große Teile der Handlung in einen sehr kleinen Zeitraum passen. In diesem Fall können Sie statt des Datums oder zusätzlich zum Datum die jeweilige Uhrzeit niederschreiben.

Beispiel:
Mittwoch, 15. Januar, 10:12 Uhr:
Igor betritt die Bank, während eine Kundin sie verlässt. Kundin erkennt Igor vom Steckbrief.
Mittwoch, 15. Januar, 10:13 Uhr:
Giacomo zündet an der Bahnstation den Sprengsatz zur Ablenkung.
Mittwoch, 15. Januar, 10:14 Uhr:
Igor holt das Maschinengewehr aus seinem Mantel und bedroht Bankangestellte und Kunden
Gleichzeitig geht der Anruf von der Kundin, die um 10:12 Uhr die Bank verlassen hat, bei der Polizei ein.

Es können durchaus Informationen notiert werden, die sie so nicht direkt im Buch an den Leser weitergeben. So könnte es sein, dass der Leser jetzt noch gar nicht

erfährt, dass die Kundin den Gangster erkannt und die Polizei informiert hat. Es ist aber für Sie eine Hilfe, damit Sie sich ausrechnen können, wann die Polizei frühestens am Ort des Geschehens sein kann. Wenn dann an späterer Stelle erklärt wird, dass die Frau die Beamten benachrichtigt hat, kann der Leser sogar noch einmal zurückblättern und sich davon überzeugen, dass da wirklich eine Frau aus der Bank gekommen ist.
In manchen Fällen kann es sogar für den Leser interessant sein, am Kapitelanfang die entsprechende Uhrzeit zu erfahren. Das ist aber unabhängig von Ihrem Zeitstrahl und hat damit nur zweitrangig zu tun.

Für unser Projekt „Sklaverei 2.0“ lege ich jetzt mal das Jahr 2016 als Referenzjahr fest. Wir werden die Jahreszahl aber an keiner Stelle im Buch erwähnen.

Protagonistinnen in unserem Buch

Um hier einen Eindruck vom Aufbau der Figuren zu vermitteln, lassen Sie uns eine Protagonistin, eine Nebenprotagonistin, sowie zwei Nebenfiguren anlegen. Natürlich braucht das Buch später noch weitere Charaktere, aber die können Sie sich alleine ausdenken. Auch hier gilt: Mögen Sie eine der Figuren so nicht, dann erzeugen Sie einfach eine andere dafür! Dies sind alles nur Beispiele, an die Sie sich nicht halten müssen.
Alle Jahreszahlen sind relativ zu unserem Bezugsjahr 2016 zu sehen. Sollten Sie Ihr Buch also stattdessen 2017 spielen lassen wollen, so müssen Sie zu jeder Jahresangabe ein Jahr hinzuaddieren, für das Jahr 2015 einfach ein Jahr abziehen.

1. Niklas Buhrman
Die Suche in einer großen Suchmaschine gab zu „Niklas Buhrman“ keine Ergebnisse, daher ist der Name für mich akzeptabel.
Geboren am 13. Januar 1994
Geburtsort: Hamburg
Mutter: Petra Buhrmann, geboren am 25. April 1977
Vater: Gregor Veleider, geboren am 5. November 1961

Die Eltern haben sich bereits getrennt während Petra schwanger war. Als Gregor von der Schwangerschaft erfahren hat, ist er einfach verschwunden.
Niklas ist in einem sozialen Brennpunkt groß geworden.

To-do: Stadtteil heraussuchen, der einen solchen sozialen Brennpunkt darstellt.

Die Mutter war alleine und hat von Sozialhilfe gelebt.

To-do: herausfinden ob das da noch Sozialhilfe hieß oder Hartz 4 oder sonst wie.

Oft war Niklas sich selbst überlassen und hatte in der Schule auch kaum Interesse am Unterricht. Neben Hip-Hop Musik und Skateboard fahren hatte er keine Hobbys. Dennoch steckte man ihn nach der 4. Klasse in eine

Realschule, weil die Lehrerinnen ihn für intelligenter hielten als es seine Noten vermuten ließen.
Auf der Straße lernt er die gleichaltrige Sarah kennen, die in ähnlichen Verhältnissen lebt und auch Skateboard fährt.

To-do: Grund- und Realschule heraussuchen, auf die er gegangen ist.

Im Jahr 2005 (er ist jetzt in der 6. Klasse und 11 Jahre alt) bekommt er einen neuen Lehrer in Werken (gibt es dieses Fach noch oder heißt es jetzt anders?): Herr Lehmann. Anfänglich hat Niklas auch hierfür keinerlei Interesse, bis Herr Lehmann ihm anbietet, dass er im Unterricht mit ihm ein Skateboard baut. Während der Arbeiten an dem Board erfährt Niklas, dass Herr Lehmann vor seinem Studium eine Tischler-Ausbildung (in Norddeutschland wird eher Tischler als Schreiner gesagt) gemacht hat. Das gemeinsam gebaute Skateboard wird perfekt, und, weil Handgemacht, auch einmalig. Niklas ist begeistert und versucht von Herrn Lehmann so viel wie möglich zu lernen. Der Lehrer hat einen Narren an dem Jungen gefressen und kümmert sich ein wenig um ihn. Dadurch lernt der Junge, dass man manche Dinge wirklich für sich und sein späteres Leben lernt. Von nun an interessiert er sich für Fächer, die für einen Tischler wichtig sind: Mathematik und Physik. In allen anderen Fächern bemüht er sich immerhin soweit, dass er durch die Schule kommt.
Als er sich immer öfter auch mit Klassenkameraden trifft, braucht er ein eigenes Gefährt, da seine Mutter weder Auto noch Führerschein besitzt. Er verdient sich als Zeitungsausträger und mit Ferienjobs in Supermärkten das Geld für ein topp Rennrad der Marke Rose / Typ Xeon für rund 2.000,- Euro.
HINWEIS: Von diesem Typ gibt es verschiedene Ausführungen. Die exakte Ausführung lassen wir offen, damit der Leser daran keine eindeutige Jahreszahl festmachen kann. Ein Radsportler wird trotzdem den Typ als hochwertiges Bike erkennen. Je nachdem, wann Sie Ihren Roman schreiben, müssen Sie den Typ ggf. anpassen – immerhin könnte es ja sein, dass es ihn gar nicht mehr gibt.

2010 macht Niklas seinen Realschulabschluss mit einem Schnitt von 2,6. Dabei hat er in Mathematik eine eins.
Herr Lehmann fragt in seinem früheren Ausbildungsbetrieb (der mittlerweile vom früheren Junior-Chef geführt wird), ob sie Niklas einen Ausbildungsplatz geben würden. Sie sagen zu. Dafür muss Niklas in eine andere Stadt ziehen, hat aber kein Problem damit. Da seine Mutter ohnehin wenig mit dem Jungen anfangen kann, erlaubt sie ihm, dass er alleine lebt, solange es sie nicht viel kostet. Zu den wenigen Dingen, die er mit in sein neues Zuhause nimmt, zählen sein Rennrad und diverse Skateboards.
-> An dieser Stelle zieht Niklas in die Stadt, die Sie sich für die Handlung aussuchen!
Aus Kostengründen zieht Niklas in eine 4er WG. Hier lernt er seinen zukünftigen Kumpel Philipp kennen.
Zu Sarah behält er stets guten Kontakt und telefoniert auch oft mit ihr. Sie ist und bleibt sein „bester Freund“, auch wenn sie ein Mädchen ist.
Samstags arbeitet er oft zusätzlich in der Tischlerei und bekommt dafür extra Geld. So kann er sich im März 2012 den Autoführerschein leisten. Einen eigenen Wagen möchte er zunächst nicht haben, weil er mit dem Skateboard oder Fahrrad auch überall hinkommt.
Seine Gesellenprüfung schließt er 2013 sehr gut ab. Ein Jahr später zieht er mit Philipp, der mittlerweile sein zweitbester Freund geworden ist, in eine 2er Wohngemeinschaft.
Im September 2016 trifft Niklas zufällig Jamie in einem Supermarkt. Er steht hinter ihr an der Kasse. Als sie eine Frage zu einem Artikel hat, die sie nicht auf Deutsch stellen kann, hilft Niklas als Übersetzer aus. Sein Englisch ist zwar alles andere als perfekt, aber es ist immer noch wesentlich besser als das der Kassenkraft.

To-do: Überlegen was für eine Frage Jamie an der Kasse hat. Idee: Sie kauft sich eine Prepaid Telefonkarte und möchte wissen wie man diese auflädt oder freischaltet.

Ich werde die vorstehende Idee aufgreifen und damit weiterarbeiten, aber vielleicht lassen Sie sich etwas ganz anderes einfallen!
Da Jamie etwas unsicher ist, ob sie das Freischalten und Aufladen der Karte hinbekommt, bietet Niklas ihr seine

Hilfe an. Natürlich findet er sie attraktiv und freut sich über die Möglichkeit des Kontakts. Direkt nach dem Einkaufen geht er mit zu ihr und richtet das Handy ein. Nun kommt es zu dem Zwischenfall, bei dem Jamie verschwindet.

Durch seine Vergangenheit ist Niklas es gewohnt, sich um sich selbst zu kümmern. Er ist jemand, der die Dinge in die Hand nimmt, anstatt lange herum zu reden. Da seine Mutter sich nur sehr wenig um ihn gekümmert hat, verlässt er sich selten auf andere. Mehr oder weniger auf der Straße aufgewachsen, kann er sich mit den Gesetzen der Straße sehr gut arrangieren. Außerdem wurde er nie von seiner Mutter durch die Gegend gefahren, da diese gar kein Auto hatte. Alle Wege innerhalb Hamburgs hat er mit dem Fahrrad zurückgelegt oder ist mit dem Skateboard in Bus und Bahn unterwegs gewesen.
Er hat nie geraucht, weil er den Zigarettenrauch von seiner Mutter immer als ekelhaft empfunden hat. Alkohol hat er in den üblichen Maßen eines durchschnittlichen Jugendlichen zu sich genommen, vielleicht ein klein wenig mehr. Generell ist er recht sportlich, interessiert sich aber nicht für Fußball.
Seine Kleidung ist Skater typisch. Wie das aussehen kann, ist in einem online Skater-Shop (findet man schnell über eine Suchmaschine) anzusehen.

Aussehen: Niklas ist 1,81m groß und Skater-typisch schlank/drahtig. Er hat dunkelblonde Haare, die er eher kurz aber immer stylisch trägt, leuchtend grüne Augen und ist immer rasiert, seit sich der erste Bartwuchs einstellte.
To-do: Im Internet eine Frisur heraussuchen, die Niklas trägt.

Zeitstrahl von Niklas Ereignissen:
13. Januar 1994: Niklas Geburt
Sommer 2000: Einschulung in die Grundschule
Sommer 2004: Wechsel in die Realschule
März 2005: Niklas lernt Sarah kennen
Sommer 2005: Niklas lernt Herrn Lehmann kennen

2008 – 2009: Niklas verdient sich als Zeitungsausträger und mit Ferienjobs in Supermärkten das Geld für sein Rennrad der Marke Rose / Typ Xeon
Sommer 2010: Niklas macht seinen Realschulabschluss
Sommer 2010: Niklas zieht nach XXX (die Stadt, in der Ihre Handlung spielen soll)
Sommer 2010: Niklas und Philipp lernen sich kennen und werden Freunde
März 2012: Niklas macht seinen Autoführerschein
Sommer 2013: Niklas schließt seine Gesellenprüfung mit Bestnoten ab
Sommer 2014: Niklas zieht mit Philipp in eine 2er WG
September 2016: Niklas trifft Jamie in einem Supermarkt

2. Jamie Burnolds
Die Suche in einer großen Suchmaschine gab zu „Jamie Burnolds" keine Ergebnisse, daher ist der Name für mich akzeptabel.
Geboren am 06. Mai 1996
Geburtsort: Los Angeles, USA
Mutter: Susan Burnolds, geborene Smithwater, geboren am 11. Mai 1966
Vater: Michael Burnolds, geboren am 3. Januar 1961
2002 Einschulung in die Elementary School (bis 5. Klasse)
2007 Wechsel in die Junior High School (Klasse 6 bis 8)
2010 Wechsel in die High School (Klasse 9 bis 12)
2014 Abschluss der High School mit dem High School Diploma
2014 Besuch eines Community College (2jährige Vorbereitung für ein 4jähriges Universitätsstudium)
2016 Abschluss des Community College
September 2016: Beginn eines einjährigen Auslandsaufenthalts in Deutschland, finanziert von ihren Eltern
Neben deutschem Sprachunterricht hat sie diverse Kurse (entweder an der VHS oder an einer Privatschule) belegt.

To-do: Je nachdem in welche Richtung die „böse" Firma agiert, müssen entsprechende Schulungen herausgesucht werden!

September 2016: In einem Supermarkt trifft sie Niklas. Er hilft ihr sprachlich und kommt mit zu ihr nach Hause um ihr neues Handy freizuschalten. Während Niklas kurz im Bad ist, wird sie entführt.

To-do: Zeitstrahl von Jamies Ereignissen erstellen -> Übung für Sie!

3. Sarah Wehstein

Die Suche in einer großen Suchmaschine gab zu „Sarah Wehstein" keine Ergebnisse.
Geboren am 02. Februar 1994
Geburtsort: Hamburg
Mutter: Vanessa Wehstein, geboren am 11. November 1975
Vater: Ingo Wehstein, geboren am 30. August 1973
Zwei Monate vor Sarahs Geburt starb ihr Vater bei einem Autounfall. Die Mutter kam nie darüber hinweg und ertränkte ihren Kummer nach Sarahs Geburt in Alkohol. Deshalb wächst das Mädchen, ähnlich wie Niklas, zum großen Teil sich selbst überlassen auf. Viel Zeit auf der Straße verbringend, kann sie mehr mit „Jungs-Sachen" anfangen als mit Barbies und Puppen. Sie lernt Skateboard fahren und ist schnell besser als die meisten ihrer männlichen Nachbarn. Die Schule fällt ihr leicht. Ohne viel lernen zu müssen, hat sich durchweg gute bis sehr gute Noten. Sowohl ihre Großeltern mütterlicherseits als auch die väterlicherseits sind sehr niveauvoll. In der wenigen Zeit, die sie mit ihnen verbringt, lernt Sarah einiges von Ihnen. Vieles schaut Sarah sich bei den junggebliebenen alten Leuten einfach ab. Sie hasst die Alkoholsucht und Niveaulosigkeit ihrer Mutter und versucht trotz ihrem zweiten Zuhause auf der Straße ihr eigenes Niveau möglichst hoch zu halten.
Neben dem Skateboarden interessiert sie sich für Tiere, darf aber kein eigenes Haustier haben.
Im Sommer 2004 wechselt sie ins Gymnasium.
Im März 2005 wird Sarahs Mutter die Wohnung wegen Eigenbedarf gekündigt und die beiden ziehen in die Straße, in der auch Niklas wohnt. Auf der Straße lernen die beiden sich kennen und freunden sich an. Sehr schnell sind sie die besten Freunde.
Am Ende des 5. Schuljahres (2005) ist Sarah so gut, dass sie eine Klasse überspringt und direkt in die 7. Klasse kommt.

Ab 2007 geht sie regelmäßig als ehrenamtliche Helferin in ein Tierheim und kümmert sich um Hunde.
Ihr Abitur schließt sie 2011 mit einem Einser Schnitt ab. Daraufhin beginnt sie ein Studium für Tiermedizin.
Ähnlich wie Niklas ist Sarah sehr selbständig und selbstbewusst.

Zeitstrahl von Sarahs Ereignissen:
2. Februar 1994: Sarahs Geburt
Sommer 2000: Einschulung in die Grundschule
Sommer 2004: Wechsel ins Gymnasium
März 2005: Sarah zieht in die Straße in der auch Niklas wohnt und die beiden lernen sich kennen
Sommer 2005: Überspringen einer Klasse und somit Wechsel in die 7. Klasse
Ab 2007: ehrenamtliche Hilfe im Tierheim (Bereich Hunde)
Sommer 2011: Abitur mit einem Einser Schnitt
Sommer 2011: Beginn Studium Tiermedizin

4. Philipp
Geboren am 25. Juni 1993
Geburtsort: Ort an dem die Handlung Ihres Buches spielt
Sommer 2011: Philipp macht sein Abitur
Sommer 2011: Philipp beginnt ein Studium

To-do: Welches Studium kann er in dem von Ihnen gewählten Ort oder im nächstgrößeren Ort machen, ohne dass er umziehen muss?

Sommer 2014: Philipp zieht mit Niklas in eine 2er WG

ENDE Lebensläufe von Charakteren für Sklaverei 2.0

Wie Sie sehen müssen bei manchen Figuren noch die Charakterzüge ausgearbeitet werden. Ich habe es nur soweit gemacht wie wir es brauchen, damit wir mit der Story anfangen können. Die Lebensläufe haben noch keinen Anspruch auf Vollständigkeit. Erweitern und ändern Sie diese nach Belieben. Für eine meiner Figuren habe ich einen Lebenslauf geschrieben, der mehr als 10 Din A4 Seiten umfasste!

Ebenso fehlen noch die Beschreibungen bezüglich der Äußerlichkeiten. Wie sehen die Figuren aus? Wie groß sind sie, welche Haar- und Augenfarbe haben sie und so weiter. Auch das Aussehen von Niklas können Sie selbstverständlich noch ändern. Achten Sie in diesem Fall darauf, dass sie ggf. in dem vorgefertigten ersten Kapitel von „Sklaverei 2.0“ diese Details auch ändern müssen.

Gesamtzeitstrahl

Um einen Gesamtüberblick zu haben, erstellen wir uns noch einen Zeitstrahl mit allen wichtigen Daten, unabhängig von der Person.

Hier ist der Gesamtzeitstrahl für „Sklaverei 2.0“:
25. Juni 1993: Philipps Geburt
13. Januar 1994: Niklas Geburt
2. Februar 1994: Sarahs Geburts
6. Mai 1996: Jamies Geburt
Sommer 2000: Einschulung von Niklas und Sarah in die Grundschule (aber verschiedene Schulen!)
2002: Jamie wird in die Elementary School eingeschult
Sommer 2004: Niklas wechselt in die Realschule, Sarah ins Gymnasium
März 2005: Sarah zieht in die Straße in der auch Niklas wohnt und die beiden lernen sich kennen
Sommer 2005: Niklas lernt Herrn Lehmann kennen
Sommer 2005: Sarah überspringt eine Klasse und kommt in die 7. Klasse
Ab 2007: Sarah beginnt ihre ehrenamtliche Hilfe im Tierheim (Bereich Hunde)
2007: Jamie wechselt in die Junior High School
Sommer 2010: Niklas macht seinen Realschulabschluss
Sommer 2010: Niklas zieht nach XXX (die Stadt, in der Ihre Handlung spielen soll)
Sommer 2010: Niklas und Philipp lernen sich kennen und werden Freunde
2010: Jamie wechselt in die High School
Sommer 2011: Philipp beginnt sein Studium

To-do: Welches Studium kann er in dem von Ihnen gewählten Ort oder im nächstgrößeren Ort machen?

Sommer 2011: Sarah macht Abitur und beginnt Studium der Tiermedizin
März 2012: Niklas macht seinen Autoführerschein
Sommer 2013: Niklas schließt seine Gesellenprüfung ab
Sommer 2014: Niklas und Philipp ziehen in eine 2er WG
2014: Jamie erreicht das High School Diploma
2014: Jamie geht auf ein Community College
September 2016: Niklas trifft Jamie in einem Supermarkt

Das Wetter und andere Erscheinungen

Sollten Sie sich dafür entscheiden, den Roman tatsächlich in einem ganz bestimmten Jahr spielen zu lassen, welches Sie dem Leser auch mitteilen, sollten Sie sich ein wenig über das gewünschte Jahr informieren!

Gerade wenn es weit in der Vergangenheit spielt, müssen Sie überlegen, ob beispielsweise die politische Lage vielleicht ganz anders war. Sahen die Grenzen genauso aus wie heute? Gab es manche Länder überhaupt schon so, wie sie heute bestehen? Denken Sie an die alte Sowjetunion, die heute in zahlreiche Länder gesplittet ist. Natürlich muss man gar nicht so weit weg gehen, denn vor sehr wenigen Jahrzehnten war auch Deutschland noch geteilt.

Wie sah es mit der Währung aus? Den Euro gibt es noch nicht ewig. Es wäre schlecht, wenn Sie die Leute im Jahr 1999 mit Euro bezahlen lassen würden.

Aber auch andere Dinge wie das Wetter sind wichtig. Wenn Sie Ihre Figuren Urlaub machen und in einem kleinen See in Italien schwimmen lassen, der in diesem Jahr wegen immenser Hitze ausgetrocknet war, dann findet sich bestimmt eine Leserin, die zufällig in besagtem Jahr dort ihren schlechtesten Urlaub aller Zeiten verbracht hat.

Recherchieren Sie, was es in dem entsprechenden Jahr an aktuellen Themen gegeben hat. Bauen Sie das eine oder andere ein wenig ein. Damit versetzen Sie die Leserinnen in die entsprechende Zeit und vermitteln das Gefühl der Leute. Auch dies ist ein Beitrag zur Lebendigkeit Ihres Romans.

Dabei kann alles Mögliche verarbeitet werden. Durchforsten Sie einfach das Internet nach Begebenheiten aus dem entsprechenden Jahr. Gab es Erdbeben oder sonstige Naturkatastrophen? Wurden irgendwo Anschläge verübt? Gab es im Musikbereich etwas Hervorstechendes? Einen Titel, der zum Evergreen geworden ist? Wie ging es der Wirtschaft? Hatten besonders viele Menschen mit Arbeitslosigkeit zu kämpfen? Gab es eine Menge Leute, die mit Aktien sehr viel Geld verloren hatten? Wie war der technische Stand? Sie können in den 1970ern niemanden einfach

so mit einem Handy telefonieren lassen. War es schon Standard, dass jeder mit dem Smartphone ins Internet gehen konnte?
Gab es schon die Fahrzeuge, die Ihre Figuren benutzen? Oder die Zigarettenmarke, die jemand raucht?
Sie sehen, es gibt tausend Dinge, an die Sie denken müssen. Vernachlässigen Sie das nicht!
Am einfachsten hat man es, wenn man die Story in der aktuellen Zeit spielen lässt. Hier muss man sich am wenigsten Gedanken machen. Aber auch hier sollten Sie sichergehen, dass manche Dinge sich nicht mittlerweile verändert haben und anders sind als Sie meinen. So ändern sich regelmäßig diverse Gesetze und Verordnungen, beispielsweise bezüglich der Führerscheine.

Erzähl-Perspektive

Hierbei geht es darum, aus welcher Sicht Sie die Story schreiben. Das ist ein ganz elementarer Punkt, auf den besonders Newcomer oft zu wenig achten. Überlegen Sie, wie Sie selbst ein Buch lesen. Sie möchten sich mit einer bestimmten Person des Romans identifizieren oder zumindest mit dieser mitfiebern. Das funktioniert umso besser, wenn die Geschichte aus der Sicht eben dieser Person erzählt wird. Ist die Erzählung aus der unabhängigen Perspektive eines unbeteiligten Beobachters geschrieben, dann hat der Leser es sehr schwer, sich in eine einzelne Figur hineinzuversetzen. Deshalb überlegen Sie vorher, aus welcher Sicht ein Kapitel geschrieben wird. Sie müssen nicht jedes Kapitel aus der gleichen Sicht schreiben. Wenn es Szenen gibt, in denen die Hauptfigur beispielsweise gar nicht erscheint, dann weiß die Hauptfigur ja zunächst nichts davon. Natürlich kann man in diesem Fall die Begebenheit auch nicht aus ihrer Sicht erzählen. Genau das ist der springende Punkt bei der Erzähl-Perspektive: Schreiben Sie nur das, was derjenige, aus dessen Sicht Sie schreiben, weiß oder wissen kann! Beispielsweise verschließt sich ihm, was die anderen Gesprächspartner denken oder fühlen. Dagegen kann er durchaus Vermutungen dazu anstellen, die er zum Beispiel aus Gesten, Seufzern oder Gesichtsausdrücken schließt. Um Ihnen zu verdeutlichen, was ich meine, gebe ich Ihnen ein Beispiel in zwei Versionen.

Zunächst das schlechte Beispiel:

Gerd wusste, dass er jetzt handeln musste, wenn er diesen Tag überleben wollte. Noch waren die anderen nicht zurück.

Igor merkte, dass Gerd etwas im Schilde führte. Innerlich bereitete er sich auf eine Attacke vor. Er würde keine Sekunde zögern zu schießen. Stephano hingegen war sich sicher, dass Gerd keine Sperenzchen machen würde. Immerhin war der Mann unbewaffnet.

Igor war nicht so blauäugig. Außerdem war ihm bewusst, wie wichtig es war, dass sie Gerd nicht entkommen ließen.

Fieberhaft überlegte Gerd, wie er die beiden überwältigen konnte. Sobald Mr. Keenless mit seinen

Kumpanen wiederkam, würde ihm keine Chance mehr bleiben.

Könnten Sie sich nun entscheiden, mit wem Sie mitfiebern würden? Wünschen Sie sich, dass Gerd entkommt, oder lieber, dass die beiden es schaffen, ihn festzuhalten?
Der Text ist aus einer übergeordneten Perspektive geschrieben, durch die der Leser die Gedanken und Gefühle aller Personen kennt. Als Konsument der Geschichte fühlt man sich dabei verloren. Wenn das ganze Buch so geschrieben ist, bekommt man keinen wirklichen Bezug zu den Charakteren.

Hier das bessere Beispiel:
Gerd wusste, dass er jetzt handeln musste, wenn er diesen Tag überleben wollte. Noch waren die anderen nicht zurück. Ein Blick zu Igor machte ihm klar, dass der nicht zögern würde zu schießen. Das entschlossene Gesicht des Russen sprach Bände. Plötzlich erschienen Gerd die Augen des Mannes noch aufmerksamer, so als ob er merken würde, dass Gerd etwas vorhatte.
Um Stephano machte er sich keine Sorgen. Der Partner des Russen sah mehr durchs Fenster nach draußen, als dass er auf Gerd achtete. Ihn würde er mit einem Überraschungsangriff leicht überwältigen können.
Gegen Igor hatte er ohne Waffe schlechtere Karten. Natürlich musste dem Russen bewusst sein, wie wichtig es für sie war, dass sie ihn nicht entkommen ließen.
Fieberhaft überlegte Gerd, wie er vorgehen sollte. Sobald Mr. Keenless mit seinen Kumpanen wiederkam, würde ihm keine Chance mehr bleiben.

Erkennen Sie den Unterschied? In der zweiten Version haben Sie die gleichen Informationen an den Leser weitergegeben wie in der ersten. Dennoch ist alles aus der Sicht von Gerd geschrieben. Als Leser wissen Sie sofort, um wen es geht und für wen Sie sind.
Also: Überlegen Sie bei jedem Satz, den Sie schreiben, ob derjenige, aus dessen Sicht Sie schreiben, überhaupt die Information hat, die Sie gerade dem Leser vermitteln wollen. Hat er sie nicht, dann müssen Sie die Information wohl oder übel noch für sich behalten! Machen Sie hier in keinem Fall Ausnahmen!

Wie gesagt: Wenn Sie ein neues Kapitel beginnen, können Sie gerne die Perspektive wechseln. Das kann durchaus spannend sein und dem Leser Dinge zeigen, die Ihre Hauptfigur nicht wissen kann. Wenn die Antagonistin zum Beispiel heimlich Ihrer Protagonisten nachstellt und sie beobachtet, vielleicht heimlich Mordpläne schmiedet...
Wenn Sie solche Perspektivenwechsel von Kapitel zu Kapitel machen, müssen Sie allerdings aufpassen: Manchmal verwechselt man später, welche Information man mit welcher Figur platziert hat. Dann kann es passieren, dass Sie Person A plötzlich etwas wissen lassen, dass aber eigentlich nur Person B wissen kann. Hier ist absolute Vorsicht geboten! So etwas verzeiht Ihnen der Leser nicht!

Damit Sie ein wenig Übung darin kriegen, mache ich Sie jetzt zu vorübergehende Lektorinnen. Lesen Sie den nachfolgenden Text und überlegen Sie, an welchen Stellen, Ihrer Meinung nach, die Perspektive nicht stimmt. Natürlich mache ich es jetzt nicht mehr ganz so offensichtlich wie in unserem Negativbeispiel weiter oben.

Übungstext „Perspektive“
Peter sprang die Treppe herunter. Wieder mal war er viel zu spät aufgestanden. Zwar hatte der Wecker pünktlich gesummt, aber den hatte er abgestellt und war dann kurzerhand wieder eingeschlafen. Jetzt musste er noch schnell frühstücken. Das Haus ohne Essen verlassen ging gar nicht! Hoffentlich hatte seine Mutter etwas vorbereitet. Wenn sie schlecht gelaunt war, musste er sich selbst darum kümmern.
Als er die Küche betrat, war seine jüngere Schwester Petra scheinbar schon fertig mit Essen, denn sie räumte gerade ihren Teller in die Spülmaschine.
„Hat Mama was für mich gemacht?“, fragte er ohne eine Begrüßung.
Petra klappte die Tür der Spülmaschine hoch und antwortete: „Sie hat gestern Abend noch Milchreis mit Zimt und Zucker gemacht. Für dich steht ein Teller davon im Kühlschrank.“ Da sie keine Lust auf ein Gespräch mit Peter hatte, beeilte sie sich, aus der Küche zu kommen.

Mit zwei langen Schritten war Peter am Kühlschrank. Er liebte jede Art von Milchreis, und seine Mutter machte den besten Milchreis im Universum.
Während er sich mit dem kalten Teller an den alten Buchentisch setze, hörte er, wie sich im Flur seine Schwester und seine Mutter voneinander verabschiedeten. Einen Moment später kam seine Mutter zu ihm.
„Guten Morgen", begrüßte sie ihn. „Sag mal, weißt du, was mit ihr los ist? Seit drei Tagen ist sie kaum ansprechbar."
Peter war betroffen von ihrem sorgenvollen Tonfall, doch er konnte ihr nicht helfen. Für nichts in der Welt würde er seine kleine Schwester verraten. „Ich glaube, sie ist nur ein wenig mit ihrem Chemie-Referat überfordert. Das stresst sie. Gib ihr noch ein paar Tage, dann ist sie wieder normal."
Obwohl Peter sich alle Mühe gab, hörte sich das in ihren Ohren nicht sehr überzeugend an.
„Bist du sicher?", fragte sie.
„Na klar. Wenn du nicht dabei bist, jammert sie die ganze Zeit darüber, dass ihre Chemie-Lehrerin sie nicht mag."
Jetzt glaubte Peter, sie einigermaßen überzeugt zu haben. Später würde er noch einmal mit Petra reden. So ging es einfach nicht weiter.
Seine Mutter sah ihm an, dass er auf Petra aufpassen würde. Um vom Thema abzulenken sagte er: „Heute Abend kommen übrigens Pit und David. Sie bleiben über Nacht."

Nun, was ist Ihnen aufgefallen? Probieren Sie zunächst, alle Punkte selbst zu finden, bevor Sie weiterlesen!
- Das Erste, was Ihnen unangenehm aufgefallen sein sollte, war ein Punkt aus einem vorangegangenen Kapitel: die sehr unglückliche Namenswahl. Peter und Petra sollten nicht in ein und derselben Geschichte auftauchen, wenn Sie nicht beabsichtigen, bewusst irgendwelche Verwechslungen zu erzeugen.
- Was die Perspektive betrifft, geht es los mit „Da sie keine Lust auf ein Gespräch mit Peter hatte, beeilte sie sich, aus der Küche zu kommen."
Dieser Satz ist aus Sicht von Petra geschrieben. Ihr Bruder kennt ihre Gedanken nicht, er kann sie höchstens erahnen. Man sollte also besser schreiben: „Seine

Schwester beeilte sich, aus der Küche zu kommen. Er wusste, dass sie sich vor einem Gespräch mit ihm drücken wollte."

- Der nächste Satz, der nicht ganz passt, ist: „Obwohl Peter sich alle Mühe gab, hörte sich das in ihren Ohren nicht sehr überzeugend an."

Peter kann natürlich nicht wissen, wie es sich in ihren Ohren anhört. Das dürfen wir so also nicht schreiben. Besser: „Obwohl Peter sich alle Mühe gab, schien sie nicht überzeugt zu sein. Deutlich sah er nagende Zweifel in ihren Augen."

- Zu guter Letzt noch der Satz: „Seine Mutter sah ihm an, dass er auf Petra aufpassen würde."

Das kann Peter beim besten Willen nicht wissen. Diesen Satz würde ich ersatzlos streichen. Die Information ist für den Leser auch nicht wichtig.

Sie sehen, wie viele Dinge man auf einer halben Buchseite falsch machen kann. Das Schreiben ist tatsächlich Arbeit. Noch viel schwerer aber ist es, selbstkritisch zu sein.

An späterer Stelle werde ich weitere Übungstexte einfließen lassen. Dabei werde ich auch immer mal wieder eine falsche Perspektive benutzen, damit Sie in Übung bleiben.

Die Ich-Perspektive

Eine besondere Erzähl-Perspektive ist die Ich-Perspektive. Hier erzählen Sie so, als ob Sie das Geschehene selbst erleben oder erlebt hätten. Statt „Kurz bevor die Türen sich schlossen, sprang Peter in die U-Bahn“ heißt es nun „Kurz bevor die Türen sich schlossen, sprang ich in die U-Bahn“.

Eigentlich gibt es hier nicht allzu viel zusätzlich zu beachten. Allerdings schränken Sie sich schon ein wenig damit ein, denn ein Perspektivenwechsel von einem zum anderen Kapitel können Sie damit nicht mehr glaubwürdig machen. Hier würden Sie nicht nur die Perspektive, sondern auch die Erzählweise ändern. Der Leser würde sich sofort denken: „Woher will der das denn wissen, was da passiert ist?“ Auch, wenn der Leser sich das vielleicht nicht ganz direkt denkt, wirkt es auf ihn doch sehr befremdlich.

Natürlich gibt es immer Ausnahmen. Aber bevor Sie eine solche Ausnahme machen, überlegen Sie vorher, wie das auf SIE wirken würde, wenn Sie nicht die Autorin wären, sondern die Leserin.

Bevor Sie sich für die Ich-Perspektive entscheiden, machen Sie sich Gedanken über die Folgen. Sicher werden auch Menschen aus Ihrem Bekanntenkreis den Roman lesen. Wenn Sie aus der Ich-Perspektive schreiben, bekommt der Leser viel eher das Gefühl, dass große Teile aus dem Buch autobiographisch sind. Möglicherweise werden Sie zukünftig ein wenig mit dem Charakter der Hauptfigur verglichen. Während das viele Autoren nicht stört, gibt es auch solche, die das auf keinem Fall möchten. In diesem Fall wählen Sie lieber eine andere Perspektive.

Lebendiges Schreiben vs. Totes Schreiben

Hier kommt ein weiteres handwerkliches Thema auf den Tisch. Denken Sie daran, dass Sie einen Unterhaltungsroman schreiben möchten und kein Geschichtsbuch. Das bedeutet, dass Sie Ihre Leserinnen das Geschehen ERLEBEN lassen und es ihnen nicht beschreiben wollen. Sagen Sie der Leserin also nicht, dass in der Ecke ein Tisch steht, sondern vielmehr, wie Ihre Figuren diesen Tisch wahrnehmen. Statt zu schreiben, dass es sehr windig ist, lassen Sie Ihre Figur den Wind im Gesicht spüren. Dann ist die Leserin keine Außenstehende, die Informationen aus einem Bericht in sich aufnimmt, sondern fühlt mit Ihren Charakteren und erlebt die Story.
Außerdem sollten Sie Größen-, Maß- und Gewichtsangaben nur dort verwenden, wo Ihre Figuren sie auch tatsächlich so definitiv vorliegen haben. Wenn ein Weg mit dem Auto beispielsweise über 23 Kilometer geht, dann ist das völlig in Ordnung. Wenn aber das Zimmer 4,5 Meter mal 6,2 Meter misst, dann ist das nichts, was Ihre Figuren im Normalfall so exakt wissen! Sie können schreiben, dass Ihre Figur den Raum auf etwa vier mal sechs Meter schätzt. Noch besser ist es, die Größe im Verhältnis zu anderen Dingen zu beschreiben, beispielsweise mit der Länge eines Schrittes.
Hier wieder zwei Beispiele zur Verdeutlichung.

Zuerst das weniger gute Beispiel:
Mr. Smith zog die Tür hinter sich zu. Draußen war es windig und kalt. Der Vollmond stand am Himmel und es gab nur wenige Wolken. Langsam ging Mr. Smith den Weg entlang. Dieser wurde von alten Buchen gesäumt, die im Licht des Mondes gespenstisch aussahen. Mitten auf dem Weg lag ein Kinderfahrrad, dessen Farbe in der Dunkelheit nicht erkennbar war. Beinahe wäre er darüber gestolpert. Im nächsten Moment dachte er jedoch schon nicht mehr daran. Eine wichtige Aufgabe lag vor ihm. Hundert Meter weiter stand ein alter Wagen, der einen schrottreifen Eindruck machte. Aber der Motor war tipptopp in Ordnung. Mr. Smith stieg ein und setzte sich

auf den Fahrersitz. So alt und vergammelt das Auto von außen aussah, so luxuriös war es von innen. Sowohl das Lenkrad als auch der Schaltknauf waren aus edlem Holz gefertigt. Die Instrumente waren mit verchromten Ringen umfasst und wurden von einem warmen Licht beleuchtet, dessen Farbe man über einen Regler verändern konnte.

Das bessere Beispiel:
Mr. Smith zog die Tür hinter sich zu. Augenblicklich erfasste der kalte Wind sein Gesicht und ließ ihn frösteln. Er blickte zum vollen Mond hinauf, der sich gerade hinter einer der wenigen Wolken hervorgeschoben hatte. Langsam lief er los. Die alten Buchen, die den Weg säumten, kamen ihm im fahlen Mondlicht gespenstisch vor.
Beinahe wäre er über ein Kinderfahrrad gestolpert, das jemand achtlos auf dem Weg liegengelassen hatte. Neugierig versuchte er, die Farbe des Fahrrads zu identifizieren, aber in der Dunkelheit gelang es ihm nicht. Im nächsten Moment dachte er schon nicht mehr daran, denn er hatte Wichtigeres im Sinn. Die Aufgabe, die vor ihm lag, würde nicht einfach zu bewältigen sein.
Der Weg zum Auto kam ihm im Dunkeln länger vor als im Hellen. Als er am Nachmittag gekommen war, hatte er ihn auf knapp hundert Schritte geschätzt. Jetzt meinte er, annähernd doppelt so weit laufen zu müssen. Endlich kam er bei dem alten Wagen an. Er lächelte, als er ihn erblickte. Obwohl das Auto äußerlich wie ein Schrotthaufen aussah, liebte er es. Außerdem hielt er den Motor stets in einem topp Zustand, sodass er sich immer auf ihn verlassen konnte. Mit einem Seufzen ließ er sich auf den Fahrersitz gleiten. Seine Finger strichen über das edle Lenkrad und er fühlte die glatte Oberfläche des Holzes, aus dem es gefertigt war. Dann schaltete er die Zündung ein. Augenblicklich saß er im warmen Licht der Ambientebeleuchtung, die er auf ein dunkles Rot eingestellt hatte. Er genoss die luxuriöse Atmosphäre des Innenraums, auch wenn er nachts die verchromten Intarsien kaum sehen konnte.

Welchen der Texte haben Sie nun lieber gelesen? Bei welchem waren Sie näher bei Mr. Smith? Wenn Sie jetzt sagen, es war der erste Text, dann habe ich etwas falsch gemacht ;-)

Tatsächlich findet man bei fast jedem Text etwas, das man verbessern kann. In diesem Fall würde ich vor einer Veröffentlichung die beiden Sätze „*Der Weg zum Auto kam ihm im Dunkeln länger vor als im Hellen. Als er am Nachmittag gekommen war, hatte er ihn auf knapp hundert Schritte geschätzt.*“ umstellen, weil zweimal kurz hintereinander das Wort „als“ benutzt wurde. Das ist sehr unschön.
Zu jeder Regel gibt es Ausnahmen, die man sich zunutze machen kann. Es ist nämlich nicht immer leicht, konkrete Beschreibungen lebendig darzustellen. Hier kann man zu einem kleinen Trick greifen. Wenn man einer toten Beschreibung einen Satz voranstellt, der dem Leser deutlich macht, dass die folgende Beschreibung den Gedanken einer der handelnden Personen entspricht, dann kann man das durchaus machen.
Beispiel:
Mr. Smith genoss den Luxus des Innenraums immer wieder aufs Neue. Sowohl das Lenkrad als auch der Schaltknauf waren aus edlem Holz gefertigt. Die Instrumente waren mit verchromten Ringen umfasst und wurden von einem warmen Licht beleuchtet, dessen Farbe man über einen Regler verändern konnte. Jede dieser Kleinigkeiten liebte er.

Da ich Sie auf den richtigen Weg führen möchte, überspitze ich natürlich viele Dinge. Hier wird es Ihnen kaum ein Leser übelnehmen, wenn Sie sich das eine oder andere Mal nicht an daranhalten. Machen Sie sich jedoch bewusst, dass am Ende der Gesamteindruck zählt. Wird der Leser am Ende sagen: „Ich habe jede Sekunde miterlebt und mitgefiebert“, oder wird er sagen: „Ja, es war ganz unterhaltsam“?
Trainieren Sie das, was Ihnen schwerfällt, möglichst oft.

Übung: Gehen Sie in einen Supermarkt, in dem Sie vorher noch nie gewesen sind. Formulieren Sie in Gedanken, was Sie wahrnehmen und empfinden. Wenn Sie sich schlecht viele Details merken können, dann schreiben Sie Stichpunkte auf einen Zettel, tippen Sie sie in Ihr Handy oder sprechen Sie sie mit der Voice-Recorder Funktion des Gerätes auf.
Zuhause schreiben Sie dann ein Kapitel, wie eine Person genau diesen Supermarkt betritt und ihn durchschreitet.

Geben Sie dieser Person einen Namen (gerne auch Ihren eigenen) und bleiben Sie dabei immer in der Perspektive dieser Person. Beschreiben Sie nicht einzelne Dinge, sondern lassen Sie den Leser diese Dinge erleben. Also nicht: „Am Ende des Ganges stand eine Palette mit Mineralwasser, das in Packs mit jeweils sechs Flaschen zusammengeschweißt war.“, sondern: „Am Ende des Ganges umrundete sie eine Palette mit Mineralwasser, das in Packs mit jeweils sechs Flaschen zusammengeschweißt war.“

Wenn Sie fertig sind, lassen Sie das Kapitel mindestens einen Tag ruhen, um etwas Abstand zu gewinnen. Dann lesen Sie es aufmerksam durch und analysieren jeden Satz, ob er eine tote Beschreibung beinhaltet oder ein lebendiges Erlebnis darstellt. Markieren Sie sich alles, was Ihrer Meinung nach nicht passt. Dann überarbeiten Sie das Kapitel und lassen es erneut mindestens einen Tag ruhen. Dann gehen Sie den Text noch einmal durch. Das kann man beliebig oft wiederholen. Sie werden staunen, wie viele Dinge man immer noch findet, selbst wenn man einen Text schon zehnmal überarbeitet hat.

Diese Übung können Sie immer wieder an neuen Orten üben. Egal ob Sie im Wald spazieren gehen, morgens Ihr Büro betreten, mit der Wäsche in die Waschküche gehen, oder einfach in Ihrem Schlafzimmer aufwachen.

Ja, ich bin hier sehr streng mit Ihnen. Wie die meisten Autoren, mache auch ich diesbezüglich nicht immer alles richtig. Es ist wirklich schwer, sich ständig darauf zu konzentrieren. Doch je besser Sie das draufhaben, umso schöner werden Ihre Romane. Ich bin absichtlich so streng, denn mein Ziel ist es doch, dass Sie am Ende noch besser als ich schreiben! Wenn Sie sich viel Mühe geben, können Sie das durchaus erreichen!

Überlassen Sie dem Leser auch etwas

Wenn Sie schreiben, möchten Sie die Leserin durch die Geschichte führen und stets mit möglichst vielen Informationen versorgen. Das ist generell nicht verkehrt. Aber übertreiben Sie es nicht! Wenn Sie anfangen, dem Leser die einfachsten Dinge zu erklären, dann bekommt er das Gefühl, dass Sie ihn für dumm halten. Ein Leser mit diesem Gefühl wird sich kaum ein weiteres Buch von Ihnen kaufen.
Bei Kleinigkeiten fällt es dem Leser meistens nicht auf. Hier können Sie bewusst Dinge hinzupacken oder weglassen, um Ihr Buch zu kürzen oder zu füllen. Gerade wenn Sie einen Vertrag mit einem Verlag haben, und eine ganz bestimmte Seitenanzahl liefern müssen, kann Ihnen das helfen.
Hier ein Beispiel, das ich einem vorangegangenen Übungstext entnommen habe:
Als er die Küche betrat, war seine jüngere Schwester Petra scheinbar schon fertig mit Essen, denn sie räumte gerade ihren Teller in die Spülmaschine.
Hier würde es reichen zu schreiben:
Als er die Küche betrat, räumte seine jüngere Schwester Petra gerade ihren Teller in die Spülmaschine.
Dass Petra bereits fertig mit essen ist, ergibt sich daraus von alleine. Damit kauen Sie dem Leser nicht alles vor, sondern lassen ihn „erleben“ und selbst feststellen, dass Petra schon gegessen hat.

Viel schlimmer ist es, wie bereits erwähnt, wenn Sie offensichtliche Dinge erklären, weil Sie glauben, dass es der Leser sonst nicht verstehen könnte. Sollten Sie beispielsweise einen hochmodernen Informatik-Thriller vor dem Hintergrund eines amerikanischen Startups schreiben und an einer Stelle erklären, dass der CEO der Chief Executive Officer und somit der Geschäftsführer ist, werden die meisten Leser glauben, dass Sie ihnen Unwissenheit unterstellen. Wer liest denn einen solchen Roman? Wer ist die Zielgruppe dafür? Vermutlich dürfen Sie davon ausgehen, dass die meisten Leute, die einen solchen Roman lesen würden, sich ausreichend in diesem Bereich auskennen.

Für diejenigen Leser, denen das Wissen dafür tatsächlich fehlt (was ja nichts Schlimmes ist), können Sie die Information auch anders transportieren. Wenn Sie die Figur einmal als CEO und an einer anderen Stelle als Geschäftsführer bezeichnen, dann schafft der Leser schon den Gedankensprung. Damit haben Sie beide Lesergruppen erreicht: Sowohl die Wissenden, als auch diejenigen, die nicht in diesem Bereich zuhause sind. Oder sie lassen jemanden nach dem Chief Executive Officer fragen. Damit hätte sich der Begriff von selbst erklärt.

Polizeiarbeit

Wenn Sie einen Krimi schreiben, dann werden Sie an vielen Stellen die Polizeiarbeit darstellen müssen. Auch bei den meisten Thrillern kommt man nicht ganz ohne Polizeiarbeit aus. Es gibt einige Autorinnen, die hauptberufliche Polizistinnen sind. Diese haben es natürlich leicht. Den meisten wird es aber mangels eigener Erfahrung schwerfallen, die Polizeiarbeit realistisch darzustellen. Glauben Sie bitte nicht das, was sie im Fernsehen sehen! Weder in amerikanischen noch in deutschen Filmen oder Serien wird die Arbeit der Polizei so dargestellt wie sie ist. Es gibt nur sehr wenige Ausnahmen. Der typische „Super-Bulle“, der alleine ein Haus betritt, in dem er den Gangster erwartet, ist beispielsweise völliger Unsinn. So ziemlich das Erste, was ein deutscher Polizist beigebracht bekommt, ist, niemals etwas alleine zu machen. Warum sollte man auch nicht auf Verstärkung warten, wenn man sowieso vor dem Haus steht und es beobachten kann?

Also: Wenn Sie Polizeiarbeit darstellen, dann lernen Sie etwas darüber. Das kommt nicht nur Ihrem Roman zugute, sondern ist auch hoch interessant und spannend! In den meisten größeren Polizeipräsidien gibt es spezielle Dienststellen für Öffentlichkeitsarbeit. Hier treffen Sie oftmals auf sehr nette und zuvorkommende Beamte, mit denen Sie reden können. Vielleicht kann man Ihnen dort auch Kontakte zu Spezialisten aus ganz bestimmten Bereichen vermitteln. Während meiner Arbeiten zu „Schattenraum“ habe ich die Ehre gehabt, bei einem mehrstündigen Essen mit anschließendem Kaffee ein sehr informatives Gespräch mit einer Frankfurter Kriminalkommissarin zu führen. Natürlich dürfen die Beamten keine internen Geheimnisse ausplaudern, denn es wäre schlecht, wenn unsere Romane die realen Ganoven vor dem einen oder anderen Kniff der Polizei warnen würden. Trotzdem können Sie ausreichendes Material erhalten, das Ihnen sehr weiterhilft. Vor allem aber können Sie erklären, wie Sie sich das Vorgehen der Polizei in Ihrem Buch vorstellen. Darauf werden Sie immer eine ehrliche Antwort bekommen, ob das realistisch ist oder wie Sie es besser darstellen können.

Tatsächlich habe ich in meinem Erstlingsroman „Netzinfarkt" eine Szene, in der ein Einsatzkommando in eine alte Fabrik eindringt. Damals habe ich mich von meiner Fantasie verleiten lassen und nach meinem Bauchgefühl geschrieben. Tatsächlich habe ich im Laufe der Jahre den einen oder anderen Hinweis von Leserinnen, die selbst bei der Polizei sind, bekommen, dass „wir so aber niemals vorgehen". Zwar bin ich dankbar, dass niemand dies in einer öffentlichen Rezension geschrieben hat, aber ich ärgere mich trotzdem sehr über meine (zumindest an dieser Stelle) schlechte Arbeit. Es war unprofessionell und ist unschön. Da es sich nur um eine einzelne Szene handelt, bekomme ich trotzdem hauptsächlich gute Kritiken für das Buch, aber es hätte auch anders ausgehen können. Noch heute empfinde ich es als Makel in meinem Roman. Vielleicht haben Sie ja auch das Glück, jemanden im Bekanntenkreis zu haben, der eine Polizistin kennt. Oft nehmen sich Beamte gerne die Zeit, um ein paar Dinge richtig zu stellen. Tatsächlich finden viele Polizistinnen es ziemlich schlimm, wie sie und ihre Arbeit teilweise dargestellt werden. Ein Gespräch mit Ihnen kann aus deren Sicht also eine vorbeugende Wirkung haben.
Nicht nur die Art und Weise des Vorgehens sollte stimmig sein, sondern auch benutzte Technik und Waffen. Welche Pistole wurde in dem Bundesland zu der Zeit hauptsächlich von der Polizei eingesetzt? Gab es zu der Zeit überwiegend Funk oder wurden viele Dinge schon über das Handy gemacht, weil es abhörsicherer ist? In welchen Fällen wird welcher Kommunikationsweg gewählt? Wie waren zur Zeit Ihrer Handlung die Gesetze bezüglich Abhören von Telefongesprächen und wie sah es mit der Massendatenspeicherung aus? Diese Dinge verändern sich zuweilen. Sie sollten auch nicht nur die Situation zum Zeitpunkt der Handlung Ihres Buches kennen, sondern auch die aktuelle. Dann können Sie, natürlich ganz subtil, darauf hinweisen, dass die entsprechende Lage eben in diesem Jahr so gewesen ist. Das kann aus folgendem Grund wichtig sein: Einige Leserinnen könnten sich mit dem aktuellen Stand der Dinge auskennen und dann denken, dass Sie ja völligen Unsinn geschrieben haben, weil es doch ganz anders ist. Wenn die Leserin selbst recht neu auf dem Gebiet ist (beispielsweise eine Auszubildende als

Rechtsanwaltsgehilfin), dann weiß sie vielleicht gar nicht, dass es früher anders war.
Wie bei allen anderen Dingen gilt es immer darüber nachzudenken, wie etwas bei der Leserin ankommen könnte.
Nun ist es natürlich viel spannender, wenn Ihre Heldin alleine einen Tatort betritt. Sie möchten aber möglichst realistisch bleiben. Also bauen Sie eine Situation, in der Ihre Kommissarin gar keine andere Wahl hat, als alleine einzugreifen. Das ist nicht leicht, aber machbar. Wenn Ihre Protagonistin beispielsweise genau weiß, dass der Böse gleich zwei Kinder umbringen wird, wenn sie nicht augenblicklich einschreitet, dann könnte sie nach Verständigen der Kolleginnen durchaus einen Alleingang wagen, obwohl es entgegen der Vorschriften ist. Reden Sie über Ihre Ideen hierzu mit einer Polizistin und erörtern Sie die realistischsten Möglichkeiten. Wenn Sie dann noch einfließen lassen, dass Ihre Heldin das ganz bewusst entgegen der Vorschriften macht, weil sie ihres Lebens nicht mehr froh würde, wenn die Kinder sterben, dann sind Sie auf der sicheren Seite. Aber machen Sie es sich nicht zu leicht. Es muss schon einen sehr triftigen Grund geben, damit eine deutsche Polizistin von der Vorschrift abweicht. Entgegen ihres Rufes mancherorts, genießen die Polizistinnen in den meisten Bundesländern nämlich eine ganz hervorragende Ausbildung!

Vergangenheit oder Gegenwart?

Erzählt man seine Story besser in der Vergangenheit oder in der Gegenwart?

Der Erzählstil „Gegenwart“ ist etwas ziemlich Besonderes. Persönlich würde ich zunächst jedem empfehlen, in der Vergangenheit zu schreiben.

Wer sich aber daran probieren möchte, im „jetzt“ zu schreiben, kann das natürlich tun. Damit soll der Leser noch mehr das Gefühl bekommen, die Dinge selbst zu erleben. Deshalb wird es hauptsächlich mit dem Schreiben aus der Ich-Perspektive benutzt.

Beispiel:

Noch habe ich keine Ahnung, was sich hinter der Tür befindet. Soll ich sie wirklich öffnen? Doch was ist, wenn Gustav mit seiner Pumpgun dahinter auf mich wartet? Bei diesem Gedanken rast mein Herz noch schneller, als es ohnehin schon die ganze Zeit geschlagen hat. Ich habe das Gefühl, als würde eine Herde wilder Hengste in meiner Brust galoppieren. Gleichzeitig atme ich so unkontrolliert und hechelnd, dass es meilenweit zu hören sein muss. Aber ich kann es einfach nicht abstellen. Die Angst sitzt mir tief in den Knochen, und der Schweiß hat schon sämtliche Kleidungsstücke durchtränkt. Doch ich kann ja nicht ewig hier stehen bleiben. Zurück kann ich nicht, da der Hintereingang versperrt ist. Also bleibt nur die Tür. Die Tür, hinter der Gustav vielleicht steht.

Vorsichtig greife ich nach dem Griff. Kalt und drohend liegt er in meiner Hand. Ich bereite mich darauf vor, mich mit wildem Gebrüll auf Gustav zu stürzen. Sollte er auf der anderen Seite der Tür warten, muss ich schneller sein als er abdrücken kann! Also hole ich noch einmal tief Luft. Dann zähle ich: eins, zwei … kurz zögere ich noch, dann … drei.

Mit einem Ruck reiße ich die Tür auf und springe bereits im nächsten Moment in das dahinter liegende Zimmer.

Sie merken, dass es eine ganz außergewöhnliche Art des Erzählens ist. Das birgt aber auch die Gefahr, dass es mächtig daneben geht, wenn man nicht ganz den Geschmack der Leserin trifft. Wenn sie es liest, meint sie durch die Ich-Form ja, dass sie es selbst erzählt bzw. erlebt. Sollte dann beispielsweise die Wortwahl massiv von der abweichen, welche die Leserin benutzten würde, dann kann sie es schlecht annehmen. Deshalb rate ich davon ab, auch wenn Sie die Entscheidung natürlich für sich selbst treffen müssen.

Achtung: Schreiben verdirbt das Lesen!

Alles hat seine Schattenseiten. So auch die Schreiberei. Wenn Sie das Schreiben ernsthaft betreiben und dabei auf alles Mögliche achten, um Ihren Leserinnen einen großen Genuss zu bescheren, werden Sie die Bücher anderer Autoren plötzlich mit anderen Augen lesen. Genauso, wie Sie Ihre eigenen Texte auf Unzulänglichkeiten untersuchen, werden Sie auch fremde Bücher zu analysieren beginnen. Natürlich werden Sie das nicht bewusst tun. Doch werden Ihnen eindeutige Fauxpas sofort von alleine ins Auge springen. Das kann durchaus dazu führen, dass Sie Romane, die Sie früher noch für gut befunden hätten, jetzt gerade noch als ausreichend ansehen. Manche unschöne Stelle wird Ihnen ein wenig den Spaß verderben.

Gerade heutzutage, wo per eBook oder Books on Demand jeder ein Buch veröffentlichen kann, egal wie gut oder wie schlecht es ist, werden Sie immer häufiger auf solche Bücher treffen. Nicht, dass alle selbst verlegten Bücher schlecht sind – absolut nicht! Eine meiner Lieblingsreihen im Bereich Fantasy, die Krosann-Saga, ist von einem Indie-Autoren geschrieben und veröffentlicht worden, nämlich von Sam Feuerbach. Es sind ganz hervorragende Romane. Dennoch war ich zunächst voller Vorbehalte, als ich mir den ersten Band als eBook gekauft habe, denn es gibt leider mehr negative Beispiele als positive.

Sie werden aber auch bei den aktuellen Bestsellern immer wieder auf Bücher stoßen, bei denen Sie so Manches anders gemacht hätten. Das ist einfach der Preis des selbst Schreibens.

Begehen Sie bitte nicht den Fehler, von nun an alle Autoren für Dinge zu verurteilen, die Sie für nicht ausreichend oder gar für schlecht halten! Die anderen schreiben nicht schlechter, sondern einfach anders! Nur weil Sie oder ich eine andere Meinung haben, heißt dies nicht, dass wir immer Recht haben. Für jeden Autoren und jeden Stil gibt es eine Nische. Zum Glück sind die Geschmäcker sehr verschieden, sodass die meisten Autoren auch Ihr Publikum finden können.

Lassen Sie sich das Lesen auch nicht von einer negativen Erfahrung verderben, sondern lesen Sie weiter. Es gibt genügend Bücher, die auch Ihren neu erworbenen Qualitätsansprüchen gerecht werden!

In welcher Zeit spielt der Roman?

Es ist wichtig, zu Anfang festzulegen, in welcher Zeit das Geschehen überhaupt spielen soll. Sie können einen historischen Thriller ebenso schreiben wie einen, der in der Gegenwart spielt. Sogar Thriller in der Zukunft sind möglich. Wofür auch immer Sie sich entscheiden, es hängt einiges davon ab.

Am leichtesten ist es, die Story in die Gegenwart zu versetzen. Hier weiß man das meiste von dem, was man braucht, deshalb gehe ich da nicht weiter drauf ein.

Wenn Sie aber die Vergangenheit nehmen, dann überlegen Sie, was zu der Zeit alles anders war! Obwohl ich gleiche einige Beispiele nenne, kann meine Aufzählung nicht vollkommen sein, da es einfach zu viele Dinge gibt. Deshalb überlegen Sie zusätzlich, was gerade in Bezug auf Ihre Personen und Handlungen anders gewesen ist als heute. Um ein paar Möglichkeiten zu nennen:

- *die Kleidung*
- *die Wortwahl / die Art und Weise zu reden*
- *das Essen*
- *die Transportmöglichkeiten*
- *die Fortbewegung*
- *das Wissen allgemein*
- *die Landkarten*
- *die Emanzipation*
- *die Erziehung*
- *der Respekt vor Älteren und Beamten usw.*
- *der Umgang mit Tieren*
- *der Einfluss von Religionen*
- *Länder und Ländernamen sowie ihre Grenzen*
- *Währungen*

Sie sehen, dass man ganz viel falsch machen kann, wenn man sich nicht informiert oder zufällig selbst das Wissen hat. Seien Sie hier nicht faul und nehmen manche Dinge nicht einfach an. Viele Sachen, die man zu wissen glaubt, können tatsächlich ganz anders sein. Also recherchieren Sie! Im Zeitalter des Internets ist es doch so leicht! Freuen Sie sich darüber, wie einfach es Ihnen heutzutage gemacht wird. Früher wären sie

Wochenlang von Bibliothek zu Bibliothek gereist, um alle möglichen Informationen zusammen zu bekommen.
Auch wenn Sie glauben, dass die Leser es nicht merken, wenn Sie es irgendwo nicht so genau nehmen: Eine Leserin kennt sich zufällig damit aus und schreibt prompt eine entsprechend schlechte Rezension. Alle Interessenten für Ihr Buch werden schnell recherchiert haben, dass die Rezensentin Recht hat und nehmen Abstand von Ihrem Roman!
Es wird schon genügend schlechte Beurteilungen geben, auch wenn Ihr Werk sehr gut ist – da brauchen Sie nicht noch die vermeidbaren.
Also: Seien Sie fleißig und genau!

Übrigens kann das in etwas abgeschwächter Form auch für die Gegenwart gelten. So war ich lange Zeit der Meinung, dass in Deutschland Mord nach dreißig Jahren verjährt ist. Zum Glück habe ich mich nochmal schlau gemacht, bevor ich es als Gegeben hingenommen habe. Die dreißigjährige Verjährungsfrist gab es zwar mal, aber das ist schon viele Jahrzehnte her. Mord verjährt in Deutschland nicht mehr! Anwälte und deren Gehilfen, Polizeibeamte und sicher auch sonst viele Menschen hätten mich sofort an den Pranger gestellt, wenn ich auf dieses Falschwissen eine Story aufgebaut hätte.

Mit der Zukunft ist es ähnlich wie mit der Vergangenheit, aber nicht wirklich leichter. Hier kann man nicht einfach recherchieren. Im Gegenteil muss man versuchen, durch Überlegen darauf zu kommen, wie es beispielsweise in 20 Jahren sein wird oder zumindest sein könnte.
Sollten Sie einen Zukunftsthriller im Jahr 2283 schreiben, so sind Sie zwar völlig offen, da niemand wissen kann, was es dann alles gibt. Wenn Ihr Roman uns aber nur zehn bis zwanzig Jahre voraus ist, dann müssen Sie darüber nachdenken, was bis dahin realistisch anders ist. Die Weiterentwicklung geht zwar im technischen Bereich ziemlich schnell voran, aber wenn Sie behaupten, dass es im Jahr 2025 eine Laserkanone gibt, die mehr oder weniger für jedermann verfügbar ist, so nimmt Ihnen das niemand ab.
Ein selbstfahrendes Auto, das 2040 seinen Fahrgast automatisch zu seinem Ziel bringt, während dieser die Zeitung liest oder an seinem Laptop arbeitet, wäre

denkbar, denn in Baden-Württemberg fährt bereits der erste LKW automatisch auf den Autobahnen. In Amerika gibt schon einige Testfahrzeuge, die ohne menschliches Eingreifen zu einer vorgegebenen Adresse fahren.
Wenn Sie sich nicht sicher sind, dann unterhalten Sie sich mit Menschen, die sich in dem entsprechenden Bereich auskennen. Wenn diese eine grobe Einschätzung abgeben können, dann ist das eine tolle Orientierungshilfe. Natürlich können Sie ein kleines bisschen daran drehen, solange es nicht übertrieben ist. Wenn Sie dann noch an irgendeiner Stelle einfließen lassen, dass Ihre Protagonistin froh darüber ist, dass der Fortschritt gerade in diesem Bereich schneller gewesen ist als erwartet, dann passt das oftmals.
Unterschätzen Sie niemals die Gedanken, die einige Leser sich über Ihr Geschriebenes machen. Natürlich gibt es auch viele, die sich einfach nur berieseln lassen und gut unterhalten sein wollen. Aber es gibt mindestens ebenso viele, die viel anspruchsvoller sind als man denkt. Sie gehen Ihre Geschichte im Geiste durch und bemerken jede Unstimmigkeit!

Testleserinnen

Gehen Sie in jedem Fall davon aus, dass Sie beim Schreiben und Prüfen etwas übersehen oder an irgendetwas nicht gedacht haben. Man übersieht immer etwas! Da man aber selbst genau weiß, was man ausdrücken wollte und die Geschichte genau im Kopf hat, bemerkt man oft selbst manches Detail nicht. Um nicht ein Buch mit Handlungsfehlern zu veröffentlichen oder einem Verlag anzubieten, sollte das Manuskript testgelesen werden.

Dabei reicht es nicht, wenn eine einzige Person ihre Meinung dazu abgibt. Jede Leserin empfindet einen Roman anders. Bei nur einer Testleserin kann es sein, dass man Ihnen sagt, Ihr Buch sei grottenschlecht, obwohl es tatsächlich das Zeug zu einem Bestseller hätte. Umgekehrt kann die Leserin voll des Lobes sein, obwohl die meisten anderen Leserinnen keinen Gefallen an Ihrem Thriller oder Krimi haben würden.

Ich selbst arbeite bei jedem Manuskript mit zehn Testleserinnen bzw. Lesern. Damit bekommt man schon ein ganz gutes Bild von der allgemeinen Meinung über sein Buch. Die spätere durchschnittliche Beurteilung meiner Romane in einer bekannten Online-Buchhandlung deckt sich weitestgehend mit den Beurteilungen meiner Testleserinnen.

Doch wer kommt eigentlich als Testleser in Frage? Der Bruder, die Schwester, Tante, Onkel und Mutter? Der beste Freund oder die direkte Kollegin? Um ehrlich zu sein, sind all diese Leute als Testleser mit Vorsicht zu genießen, denn hier gäbe es zahlreiche Gründe dafür, dass man nicht ehrlich zu Ihnen ist: Man möchte Sie nicht verletzen; man möchte die Freundschaft nicht aufs Spiel setzen; man hat Angst, dass Sie einem eine nicht erwartete Meinung spüren lassen; als Verwandter findet man alles toll was Sie machen; im Großen und Ganzen ist das Manuskript ja auch gut, warum also daran herum mäkeln?

Es gibt noch sehr viele andere Erklärungen, warum eine ehrliche Meinung von Menschen aus diesem Bereich nicht immer zu erwarten ist. Natürlich darf man nicht unterstellen, dass alle Personen aus diesem Kreis Sie anlügen würden! Wenn Sie sich bei jemandem absolut sicher sind, dass Sie eine offene, ehrliche und

vollständige Meinung bekommen, dann nutzen Sie diesen Jemand ruhig. So ist beispielsweise mein bester Freund ein gnadenloser Kritiker, den ich stets zusätzlich zu den eigentlichen zehn Testleserinnen hinzuziehe.
Wenn Sie auf Nummer Sicher gehen möchten, dann bietet es sich an, wirklich Fremde als Testleserinnen zu nehmen. Diese haben viel weniger Motivation, Ihnen „zu gefallen“ oder Sie nicht zu verletzen. Wenn Sie diesen Menschen dann noch erklären, dass Sie möglichst viele Hinweise auf Unstimmigkeiten oder Mängel an der Story brauchen, wird man sehr offen zu Ihnen sein. Sollten Sie Ihr Buch selbst (also ohne Verlag) veröffentlichen wollen, dann bitten Sie die Leser auch darum, etwaige Rechtschreibfehler zu korrigieren. Hierzu komme ich aber in einem anderen Kapitel.
Doch woher nimmt man nun fremde Testleserinnen? In der Zeit des Internets ist das gar nicht so schwierig. Zunächst gibt es viele Foren, in denen angehende Autorinnen ihre Werke präsentieren oder Probekapitel einstellen können. Geben Sie Suchbegriffe wie „autoren forum probekapitel“ oder ähnliche in dieser oder anderen Kombinationen in einer Suchmaschine ein, und Sie werden viele entsprechende Internetseiten finden.
Da ich lieber Testleserinnen haben möchte, die eher unbefangen an einen Roman herangehen und sich nicht danach richten, wie andere Forenmitglieder urteilen, gehe ich allerdings anders vor. Da man als Autorin ohnehin in sozialen Netzwerken aktiv sein muss (alleine aus werbetechnischen Gründen), kann man dort auch viele Kontakte knüpfen. Wenn man sich hier Gruppen anschließt, die sich mit Büchern und Lesen beschäftigen, dann hat man einen riesigen Pool an potentiellen Testleserinnen. In solchen Gruppen sehe ich nach Menschen, die schon einige Dinge gepostet haben, deren Inhalte gehaltvoll und nachvollziehbar sind. Solche Menschen schreibe ich dann höflich an und frage, ob sie nicht Lust hätten, ein noch unveröffentlichtes Manuskript zu lesen. Hiermit habe ich stets sehr gute Erfahrungen gemacht.
Wenn Sie lieber real auf Menschen zugehen, dann können Sie auch Leute in Buchhandlungen ansprechen, die gerade im Bereich Krimi/Thriller nach neuem Lesestoff suchen. Solange Sie nicht aufdringlich sind und

sich bei Desinteresse zurückziehen, wird niemand etwas dagegen haben.
Meinen Testleserinnen gebe ich das Manuskript übrigens immer digital. Diejenigen, die es lieber auf Papier haben, finden meistens einen Weg, es sich irgendwo auszudrucken. Da heutzutage eBook Reader und Tablet PC nichts Besonderes mehr sind, ist die digitale Form immer weniger ein Problem.
Geben Sie ihren Testleserinnen genügend Zeit, sodass sie sich nicht gedrängt fühlen. Auf der anderen Seite müssen Sie trotzdem eine Deadline setzen, weil Sie sonst ewig auf die Feedbacks warten. Als angemessener Zeitraum können etwa sechs bis acht Wochen angenommen werden. Alles, was bis dahin nicht mit Kommentaren zurückgekommen ist, bleibt unberücksichtigt.
Neben den „normalen“, unabhängigen Leserinnen kann es auch wichtig sein, ganz besondere Testleserinnen zu haben. Wenn Sie beispielsweise vor einem bestimmten Hintergrund schreiben oder Ihr Roman in einem speziellen Milieu spielt, dann sollten Sie mindestens drei Testleserinnen aus genau diesem Bereich haben oder zumindest Menschen, die sich in diesem Bereich auskennen. Die durchschnittliche Leserin würde den Inhalt nur mit dem Vergleichen, was sie zu kennen meint, und das kann durchaus sehr klischeehaft sein. Als Beispiel sei hier wieder mein „Spiel, bis du stirbst“ genannt, dessen Geschichte sich im BDSM-Bereich abspielt. Hierfür hatte ich einige Testleserinnen, denen ich heute noch zu großem Dank verpflichtet bin. Alle haben mir mit ihren Anmerkungen, Kommentaren und Korrekturen sehr geholfen. Die Menschen sind meistens begeistert, wenn Sie merken, dass man die Dinge korrekt darstellen möchte. Mit viel Liebe zum Detail hatte eine der Damen mir bei sogar bei der Garderobe von Samantha geholfen, die in einer Szene einen Insider-Club besuchen musste. Ich hatte meiner Heldin etwas Nettes angezogen, aber die Testleserin meinte: „Du willst doch nicht, dass sie einfach nur nett aussieht. Du möchtest, dass deine Sam WOW aussieht. Also schau dir mal folgende Sachen an ...“ Danach hatte sie mir verschiedene Kleidungsstücke herausgesucht und mir die entsprechenden Links geschickt, und ich muss

sagen: Nach dem Outfit-Wechsel sah meine Sam WOW aus!

Sie sehen, selbst bei Kleinigkeiten können die Testleserinnen eine Hilfe sein. Es geht hierbei nämlich nicht darum, Ihr Werk schlecht zu machen, sondern darum, aus etwas Gutem etwas noch Besseres zu machen!

Die Testleserinnen aus dem gewünschten Bereich bekommt man auf ähnliche Weise wie die anderen Testleserinnen. Entweder sucht man sich Foren, die sich mit dem Thema beschäftigen, oder in sozialen Netzwerken entsprechende Gruppen mit gleichem Schwerpunkt. Wenn es sich um geschäftliche Dinge dreht, kann man auch über geschäftliche Netzwerke Kontakte knüpfen.

Natürlich sollte man stets so freundlich sein und seine Testleserinnen in der Danksagung am Anfang oder am Ende des Buches erwähnen. Fragen Sie aber vorher, ob es allen Recht ist. Manche möchten gar nicht öffentlich genannt werden, andere nur mit Vornamen oder Pseudonym.

Es ist ratsam, den Testleserinnen keine Hinweise auf spezielle Punkte zu geben, auf die sie achten sollen. Das könnte ihren Blick für alles andere verschlechtern. Sagen Sie Ihren Testleserinnen einfach, sie sollen alles notieren, was ihnen auffällt, am besten jede Kleinigkeit.

Kritikfähigkeit

Hier komme ich zu einem wunden Punkt bei fast jedem Neuautoren. Man hat viele Monate lang große Mühe und viel Arbeit in sein Manuskript gesteckt, vielleicht nächtelang recherchiert und geschrieben, andere Dinge hintenangestellt und teilweise vernachlässigt - und nun kommt jemand daher und nörgelt an dem Buch herum! Schnell ist man verletzt und in der eigenen Ehre gekränkt. Sind die Testleserinnen nur neidisch auf mich und wollen meinen Roman deshalb schlechter machen als er ist? Oder bemängeln sie Dinge, nur um einfach etwas anmerken zu können? Wollen sie sich einfach wichtigmachen? Oder ist mein Krimi/Thriller am Ende wirklich so hundsmiserabel, dass man mit den kritisierten Punkten sehr viele Seiten füllen kann?

Die gute Nachricht ist: Meistens trifft nichts von alledem zu!

Ihre Gefühle werden trotzdem zunächst von Ärger und Unverständnis über Selbstzweifel zu Entmutigung gehen und dabei noch viele bisher unbekannte Schattierungen erreichen. Doch das ist alles unnötig und verschwendete Energie. Leider kann man seine Gefühle selten beeinflussen. Es sind eben Gefühle. Deshalb rate ich zu folgendem: Lesen Sie sich die Anmerkungen Ihrer Testleserinnen durch, damit Sie eine Ahnung davon haben, was auf Sie zukommt. Dann lassen Sie Ihr Projekt zwei Wochen lang ruhen, um wieder auf eine neutrale Gefühlsebene zu kommen. In dieser Zeit machen Sie sich immer wieder folgendes klar: Es geht überhaupt nicht darum, an Ihrem Werk herumzunörgeln. Vielmehr geht es darum, aus etwas Gutem (vielleicht sogar etwas sehr Gutem!) etwas noch Besseres zu machen! Sie wollen Ihrem Werk den letzten Feinschliff verpassen, und dabei möchten andere Menschen Ihnen helfen, indem sie Ihnen ihre ehrliche Meinung sagen. Tatsächlich tun die Testleserinnen viel mehr, als sich nur ihr Manuskript durchzulesen. Sie haben sich viele Gedanken gemacht, vermutlich mehr, als wenn sie ein normales Buch konsumiert hätten. Beim Lesen waren sie viel aufmerksamer, und das ist gut so! Was diesen Menschen an Ungereimtheiten nicht aufgefallen ist, werden die meisten Leserinnen später auch nicht bemerken. Aber vieles, was sie angemerkt haben, würde Ihren

Leserinnen später auch auffallen! Das Ergebnis wäre eine hohe Anzahl an schlechten Rezensionen. Sehr schnell würde niemand mehr Ihr Buch kaufen wollen.

Die Kritikpunkte bedeuten auch nicht, dass Sie ein schlechtes Buch geschrieben haben! Sie bedeuten nur, dass es Punkte gibt, die nachbearbeitet werden müssen. Das ist nicht nur bei Ihnen so, sondern bei fast jedem Autor. Selbst die meisten großen Bestseller Autoren bekommen Änderungswünsche vom Lektorat der Verlage. Geraten Sie also nicht in Panik. An dieser Stelle geht es um Professionalität. Nehmen Sie die Kritik dankend an. Sie werden feststellen, dass Sie sogar zu einigen Dingen bei genauem überlegen sagen: „Stimmt, das ist ja eigentlich Unsinn, was ich da geschrieben habe." Und es ist nicht schlimm, dass Ihnen das passiert! Glauben Sie mir, dass ich bei meinen Manuskripten sehr viele Dinge überarbeiten musste. Es war gut, dass ich es getan habe. Warten Sie mit der Überarbeitung, bis Sie wirklich eingesehen haben, dass niemand Ihnen etwas Böses will und manche Änderung wichtig ist. Erst, wenn Sie auch emotional bereit sind, das vorbehaltlos zu akzeptieren und wirklich dahinterstehen, arbeiten Sie weiter an Ihrem Manuskript. Wenn es vier statt zwei Wochen dauert, ist das in Ordnung. Wenn es stattdessen drei Monate dauert, ist auch dies nicht schlimm. Vielleicht, wenn Sie sehr viel Glück haben oder generell ein sehr kritikfähiger Mensch sind, können Sie sogar schon am nächsten Tag weiterarbeiten. Aber nehmen Sie sich die Zeit, die Sie brauchen.

Überarbeiten nach der Testleserunde

Jetzt wird es für Sie wieder arbeitsintensiv. Sie haben nun von zehn Personen eine unabhängige Meinung. Mit etwas Glück sind viele kritische Stimmen dabei, denn diese helfen Ihnen, Ihren Roman zu verbessern. Auf der anderen Seite können Sie natürlich nicht auf jede einzelne Meinung Rücksicht nehmen, denn sonst laufen Sie Gefahr, dass es anderen dann nicht mehr gefällt. Eine kleine, persönliche Erfahrung dazu: In einem meiner Romane gab es eine ziemlich heftige Szene, die bei den Testleserinnen sehr zwiespältig ankam. Während eine sagte, dass das viel zu übertrieben und überzogen sei, erklärten andere, dass es ihre absolute Lieblingsszene ist. Dieses Beispiel zeigt sehr gut, dass man es sowieso niemals allen recht machen kann. Dennoch gibt es Dinge, die man sich zu Herzen nehmen und ändern sollte.

Nehmen Sie sich viel Zeit, um die Feedbacks zu bearbeiten. Gehen Sie jedes Einzelne gewissenhaft durch. Bei jedem Punkt überlegen Sie zunächst, ob Sie die Kritik überhaupt nachvollziehen können. Sind es Hinweise auf inhaltlich falsche Dinge oder Anmerkungen zu Logikfehlern, dann kann eine Kritik eindeutig als rechtmäßig oder unrechtmäßig eingestuft werden. Können Sie die Kritik eindeutig nachvollziehen, so muss der Punkt in Ihrem Manuskript geändert werden – auch wenn es für Sie einen großen Aufwand bedeuten sollte.

Schreiben Sie sich alle Punkte, die in jedem Fall geändert werden müssen, auf eine eigene Seite. Ich nehme hierfür meistens ein Tabellenkalkulations-Programm, weil ich hier einerseits mehrere Tabellenblätter anlegen, und andererseits mir in weitere Spalten Anmerkungen notieren kann. Das kann Excel von Microsoft, aber ebenso gut auch das kostenlose OpenOffice Calc sein. Natürlich können Sie Ihre Notizen auch in ein Dokument Ihrer Textverarbeitung, in eine Textdatei oder auch ganz herkömmlich auf ein Blatt Papier schreiben.

Doch zurück zum eigentlichen Thema: Wenn Sie der Meinung sind, dass die Kritik nicht rechtmäßig ist (also dass IHRE Logik stimmt), dann müssen Sie später untersuchen, warum die Leserin es falsch verstanden hat. Schreiben Sie sich solche Punkte auf eine separate Seite oder in ein neues Tabellenblatt.

Geht es mehr um Glaubwürdigkeitspunkte („ich kann nicht nachvollziehen, warum diese oder jene Figur so handelt"), so ist dies ein Diskussionspunkt. Schreiben sie ihn ebenfalls auf, aber erneut auf eine gesonderte Seite bzw. ein neues Tabellenblatt. Hier kommen nur solche Dinge hin, bei denen es noch keine endgültige Entscheidung darüber gibt, ob Sie sie ändern werden oder nicht. Hinter jeden Punkt machen Sie zunächst einen Strich. Er steht dafür, dass der Punkt zunächst einer Testleserin aufgefallen ist. Wenn Sie, wie ich, die Tabellenkalkulation dafür verwenden, dann können Sie den Strich in eine weitere Spalte machen. Wenn Sie es besser erkenntlich finden, nehmen Sie statt des Strichs das Plus-Zeichen oder einfach ein „X".

Haben Sie alle Kommentare der ersten Testleserin verarbeitet, so nehmen Sie sich die Hinweise der nächsten vor. Diese verarbeiten Sie ebenso wie bei der ersten, mit einem Unterschied: Stoßen Sie auf einen Punkt, den Sie bereits aufgeschrieben habe, dann schreiben Sie ihn nicht erneut auf, sondern machen einen weiteren Strich hinter diesen Punkt.

Am Ende haben Sie drei Listen:

- Fehler in der Handlung oder Logikfehler
- Punkte die offenbar falsch verstanden wurden
- Dinge die mindestens eine Testleserin als schlecht empfunden hat

Als Erstes nehmen Sie sich die Fehler in der Handlung bzw. Logikfehler vor. Diese sind unstrittig und müssen in jedem Fall geändert werden. Dies ist mal mehr, mal weniger aufwendig. Manchmal reicht es, den Punkt ersatzlos zu streichen. Das geht natürlich nicht, wenn gerade dieser Punkt wichtig für die Handlung ist. Da Sie ihn jedenfalls so nicht mehr nehmen können, müssen Sie sich etwas anderes dafür einfallen lassen. Durchdenken Sie Ihre neue Idee in allen Details. Was bedeutet die Änderung für die ganze Geschichte – nicht nur für den kleinen Teil, den Sie jetzt ändern möchten. Stimmt dann noch alles? Passt das zum Rest der Story? Muss ich, wenn ich diese Änderung einbaue, noch an andere Sachen denken, weil sie damit zusammenhängen?

Ein Beispiel. Jemand gibt Ihnen folgenden Hinweis: „Der Tag, an dem Judith ihren Autounfall hatte, muss ein

Donnerstag sein, und nicht, wie Du geschrieben hast, ein Mittwoch. Denn am Abend vorher geht sie zu Bett, und denkt darüber nach, dass es ein schöner Mittwoch gewesen war.“

Wenn der Tag vorher ein Mittwoch war, muss der Unfall zweifellos an einem Donnerstag passiert sein. Sie ändern den Tag also in dem Kapitel, das den Unfall erzählt. Jedoch könnte es durchaus sein, dass das komplette restliche Buch sich ab hier an dem Mittwoch orientiert, der ja gar keiner war. Sehen Sie also nach, ob der Folgetag auch wirklich ein Freitag ist und kein Donnerstag und so weiter.

Also: Erst die Idee zu Ende denken, dann ändern!

Bei den Änderungen müssen Sie aufpassen, dass Sie jede Stelle im Manuskript anpassen, an der dieser Punkt irgendwie berücksichtigt wird! Das ist nicht immer leicht. Oft wissen Sie selbst gar nicht mehr, welche Stellen das alles sind. Deshalb kommen Sie nicht umhin, das Manuskript nach dem Überarbeiten nochmals komplett zu lesen und peinlich genau darauf zu achten, ob Sie eine Änderung vergessen haben.

Beispiel: Am Anfang haben Sie eine Nebenfigur mit roten Haaren beschrieben. Da es sich um eine klitzekleine Randfigur handelt, die nur selten Auftritt und eigentlich keine Bedeutung für die Story hat, haben Sie für diesen Charakter weder Beschreibung noch Lebenslauf angelegt. Später haben Sie schon wieder vergessen, dass Sie bereits die Haarfarbe erwähnt haben, und entscheiden sich jetzt für schwarze Haare. Einer findigen Leserin wird auffallen, dass die Haarfarbe einmal so und einmal so beschrieben wird. Wenn Sie jetzt einfach an einer Stelle die Haarfarbe von Schwarz auf Rot ändern, dann müssen Sie kontrollieren, an welchen Stellen im Buch diese Figur noch einmal auftaucht und eventuell die Haarfarbe erwähnt wird. Sonst könnten Sie später den gleichen Fehler an anderer Stelle haben.

Auch kann es passieren, dass Sie bei den Änderungen versehentlich neue Fehler einbauen. Daher ist bei der Überarbeitung höchste Konzentration gefragt. Wenn Sie gerade sehr müde oder aus anderen Gründen unkonzentriert sind, dann legen Sie die Arbeit besser zur Seite und machen an einem anderen Tag weiter. Das kann Ihnen viel zusätzlichen Aufwand ersparen.

Als nächstes gehen Sie die Punkte durch, die offenbar missverständlich sind. Versuchen Sie, bei jedem Punkt nachzuvollziehen, warum eine Testleserin es falsch verstanden hat. Je mehr Testleserinnen einen Punkt falsch verstehen, desto wichtiger ist eine Änderung. Schon wenn es zwei Leserinnen unabhängig voneinander angemerkt haben, halte ich eine Überarbeitung für unumgänglich! Wenn Sie partout nicht darauf kommen, warum jemand den Sinn, wie Sie ihn vermitteln wollten, nicht verstanden hat, dann notieren Sie sich diesen Punkt auf einem neuen Blatt oder Tabellenblatt, welches Sie mit dem Wort „Rückfragen" betiteln.

Haben Sie dagegen eine Idee, warum der eigentliche Sinn nicht richtig bei der Leserin ankam, dann setzen Sie sich dran, um Ihre Formulierungen zu überarbeiten. Oft reicht es aus, zwei, drei Sätze etwas umzustellen, damit die Dinge klarer vermittelt werden. Lesen Sie sich Ihre Änderung noch einmal durch und überlegen Sie, ob man noch immer etwas missdeuten kann. Ggf. machen Sie zusätzliche Änderungen. Seien Sie erst zufrieden, wenn Sie sicher sind, dass der gewünschte Inhalt eindeutig nur so verstanden werden kann, wie Sie es wollen.

Arbeiten Sie so alle Punkte der zweiten Liste ab, und beginnen erst danach mit der dritten Liste.

Sie kommen nun zu den Dingen, die irgendwie als schlecht empfunden wurden. Vergessen Sie getrost die Dinge, die nur eine einzelne Leserin angemerkt hat. Streichen Sie diese, oder löschen Sie sie einfach, wenn Sie digital arbeiten.

Jetzt werden gar nicht mehr so viele Punkte übrig sein. Gibt es welche, die drei oder mehr Leser nicht gut fanden, dann sollten Sie das ändern. Auch hierbei müssen Sie sich jedes Mal überlegen, ob Sie dadurch auch andere Stellen im Manuskript anpassen müssen. Ein sehr genaues Arbeiten ist dabei unerlässlich. Unterschätzen Sie das nicht!

Wenn Sie die Punkte durchgearbeitet und alle Änderungen soweit fertig haben, bleiben noch die Punkte, die von zwei Testleserinnen angemerkt wurden.

Diese Punkte sind strittig. Soll man sie ändern oder nicht? Meiner Erfahrung nach ist das beste Vorgehen, sich über solche Punkte mit mindestens zwei Testleserinnen zu unterhalten, die sie *nicht* angemerkt

haben. Was sagen diese dazu? Können sie die Anmerkungen nachvollziehen? Oder sind sie völlig anderer Meinung. Hier müssen Sie nach den einzelnen Gesprächen (die übrigens auch per E-Mail oder Chat erfolgen können, wenn Sie die Leserinnen nicht persönlich kennen) entscheiden, was wohl besser ist. Gibt es vielleicht eine Alternative, die allen Meinungen gerecht wird? Immer ist das sicher nicht möglich. Wenn sich die Meinungen die Waage halten, dann bleiben Sie sich treu und lassen es so, wie Sie es für richtig halten.
Nun gibt es noch ihre Aufzeichnungen, die Sie mit „Rückfrage“ übertitelt haben. Auch hier führt kein Weg daran vorbei, sich mit den Testleserinnen zu unterhalten. In diesem Fall kontaktieren Sie allerdings diejenigen, die die Anmerkungen gemacht haben. Lassen Sie sich genau erklären, wie die Testleserinnen zu ihrer Meinung gekommen sind, die Sie ja gar nicht nachvollziehen konnten. Sie werden erstaunt sein, wie unterschiedlich man manche Dinge wahrnehmen und verstehen kann. Notieren Sie sich die Auslöser für die nicht gewünschte Wahrnehmung. Danach überlegen Sie, ob Sie mit einfachen Mitteln etwas im Manuskript ändern können, um die richtige Information besser herauszustellen. Natürlich gilt für diese Änderungen alles, was für Änderungen der anderen Kategorien auch gilt. Achten Sie also darauf, ob durch neue Änderungen auch andere Bereiche des Manuskripts geändert werden müssen.

Je nachdem, wie viel Aufwand Sie betreiben wollen, können Sie nun eine zweite Testleserunde mit neuen Testleserinnen machen. Ich mache nie eine zweite Runde, aber es kann natürlich helfen, neu eingebaute Fehler durch Ihre Änderungen zu identifizieren. Ansonsten erreichen Sie kaum durch zusätzliche Testleserunden eine merkliche Verbesserung. Sicher werden immer wieder Änderungswünsche kommen, die Sie theoretisch umsetzen können. Dadurch wird es aber anderen Lesern danach weniger gefallen. Ihr Roman gewinnt also nicht mehr wirklich an Qualität. Wie ich bereits eingangs geschrieben habe, gibt es kein Buch, das absolut jedem gefällt. Mit meinem Weg erreiche ich Bewertungen, mit denen ich zufrieden bin.
Das soll natürlich nicht heißen, dass ich nicht weiter an mir arbeite! Natürlich versuche ich mich stets zu

verbessern. Bei jedem Roman, den ich lese und der mir gefällt, überlege ich, warum er mir gefällt. Macht die Autorin etwas, was ich bisher nicht mache? Kann ich mir etwas abgucken? Ein Sprichwort, das Handwerker oft ihren Lehrlingen (die heute Auszubildende heißen) mitgeben, besagt: „Mit den Augen kann man stehlen." Das gilt auch für unseren Bereich. Eine gute handwerkliche Finesse kann man sich bei den Kolleginnen abschauen. Im Gegensatz zu einer Ausbildung haben wir allerdings den Vorteil, dass wir selbst entscheiden, was wir als „handwerklich gut" erachten und für uns mitnehmen, und was nicht.

Dies ist kein Schreibkurs!

In diesem Buch möchte ich einen Weg vermitteln, wie Sie sich Ihren eigenen Thriller oder Krimi erarbeiten können. Natürlich gehe ich auf ein paar grundlegende Dinge des Schreibens ein, aber dieses Buch hat keineswegs den Anspruch, ein Schreibkurs zu sein. Vielmehr gehe ich davon aus, dass Sie generell schreiben können, aber nicht so recht wissen, wie Sie ein ganzes Buch zusammen kriegen oder überhaupt erst einmal anfangen sollen. In meinen Augen ist es dafür auch unerheblich, ob Sie jemals einen Schreibkurs besucht haben oder nicht. Vielmehr ist es wichtig, dass Sie es „im Blut" haben. Wenn Sie der Meinung sind, dass ein Schreibkurs Sie weiterbringt, so besuchen Sie einen solchen. Es werden zahlreiche davon angeboten. Eine entsprechende Suchanfrage in den gängigen Suchmaschinen im Internet bringt unzählige Treffer.
Ich selbst habe übrigens nie einen Schreibkurs besucht. Trotzdem gibt es selbst von namhaften Kritikern sehr positive Rezensionen zu Romanen von mir. So schreibt beispielsweise Michaela Pelz (früheres Jurymitglied des Deutschen Krimipreises) zu meinem Roman „Schattenraum" in ihrem Krimi-Forum www.krimi-forum.de: „Richtig spannend gemacht, dieser Roman des spätberufenen Autors - flott geschrieben, mit unvorhergesehenen Wendungen gespickt... [...] Insgesamt eine sehr ordentliche Leistung eines Autors, auf dessen weitere Ideen man sehr gespannt sein darf!"
Man muss also nicht unbedingt Literatur oder Deutsch oder ähnliches Studiert haben, um unterhaltsam schreiben zu können.
Trotzdem ist natürlich eine schöne Sprache und ein ordentlicher Schreibstil wichtig. Ein paar Dinge, die man falsch machen kann, obwohl man sonst sehr schön schreibt, behandele ich in diesem Buch.
Generell sollten die Sätze nicht zu kompliziert sein, weil das den Lesefluss hemmt. Vermeiden Sie es auch, ständig mit Fremdworten zu arbeiten. Niemand hat Lust, beim Lesen eines Romans immer wieder nach der Bedeutung eines Wortes suchen zu müssen. Setzen Sie nicht voraus, dass alle Ihre Leserinnen studiert haben und die Bedeutung sämtlicher Fremdworte kennen.

Vielmehr kommen die Leserinnen von Thrillern und Krimis aus allen möglichen Bildungsschichten.
Zunächst gelten natürlich die ganzen Kleinigkeiten, die man schon in der Schule lernt, selbst wenn man in Deutsch nicht so gut war. Dazu gehört, dass man nicht jeden Satz gleich anfängt.

Beispiel:
Er parkte sein Auto und stieg aus. Er ging mit schnellen Schritten zu dem gelben Haus an der Ecke. Einen Moment zögerte er, bevor er bereit war. Er klingelte.
Besser:
Er parkte sein Auto und stieg aus. Mit schnellen Schritten lief er zu dem gelben Haus an der Ecke. Einen Moment zögerte er noch, bevor er bereit war, dann klingelte er.

Jeder Satz lässt sich so umstellen, dass er anders beginnt!
Damit ein Satz anders beginnt, kann man ihn entsprechend umstellen!
Mit der Umstellung eines Satzes kann man erreichen, dass er anders beginnt.

Sie sehen: Es ist gar nicht so schwer. Übrigens gibt es zu jeder Regel eine Ausnahme. Natürlich kann man das Gleichbeginnen mehrerer Sätze hintereinander bewusst als Stilmittel einsetzen. Wenn der Rest des Buches ordentlich geschrieben ist, und man eine ganz bestimmte, kurze Begebenheit damit, dass man wirklich jeden Satz exakt gleich anfängt, herausstellen will, dann kann das sehr gut funktionieren und interessant wirken. Ich habe das noch nicht gemacht, aber schon bei anderen Autoren gelesen. Der eine oder andere hat das ganz toll gemacht und es hat mir sehr gut gefallen. Bei anderen machte es eher einen etwas unbeholfenen Eindruck. Machen Sie solche Experimente also nur, wenn Sie überzeugt sind, dass die Leserin erkennen wird, dass Sie das absichtlich gemacht haben.
Als nächstes schmücken Sie das Geschehen etwas aus, um es lebendiger zu machen.

Noch einmal das Beispiel von oben, jetzt etwas besser:
Er parkte sein Auto am Rande der sonst leeren Straße. Als er ausstieg, nahm er den Gestank dieser

abgewrackten Wohngegend wahr. Sobald er seinen Job erledigt hatte, würde er auf dem schnellsten Wege von hier verschwinden. Da er keine Minute länger als nötig inmitten dieses Abschaums verweilen wollte, ging er mit schnellen Schritten zu dem dreckigen, blassgelben Haus an der Ecke. Einen Moment zögerte er noch. Dann klingelte er, und das heftige Klopfen seines Herzens setzte ein.

Tatsächlich könnte man sogar beim Schreiben genauso vorgehen: Erst die Sätze salopp herunter schreiben, dann jeden Satz einzeln etwas umstellen bis es passt, und am Ende alles lebendig ausschmücken. Empfehlen möchte ich das allerdings nicht. Es wird so schon genug Arbeit machen, Ihren Roman zu schreiben. Aber wer weiß, vielleicht liegt ja gerade Ihnen dieses Vorgehen?
Das Ausschmücken mit zusätzlichen Beschreibungen ist meiner Meinung nach übrigens etwas mit Vorsicht zu genießen. Wenn Sie es hier an der falschen Stelle übertreiben, dann nehmen Sie vielleicht zu viel Geschwindigkeit aus der Handlung. In einer dramatischen Szene, in der es für die Heldin um Leben und Tod geht, interessiert es keine Leserin der Welt, ob die Vögel im Baum ein sommerliches Liedchen trällern! Dafür möchte die Leserin wissen, dass der Protagonistin das Blut in den Adern gefriert, ihr Herz rast oder die Hände wegen dem Angstschweiß vom Griff der Leiter abrutschen. Nennen Sie in spannenden Situationen nur Dinge, die wirklich für genau diese Handlung aktuell von Bedeutung sind.
Auch hier gibt es die obligatorischen Ausnahmen. Sie können bewusst etwas einfließen lassen, um den Leser auf eine falsche Fährte zu führen. So könnte die Heldin beispielsweise kurz vor einer Ohnmacht sein:

Langsam dämmerte sie weg und ihr wurde schwarz vor Augen. Wie aus weiter Ferne hörte sie die Vögel, die draußen vor dem Fenster ein sommerliches Liedchen trällerten. Die Ohnmacht würde gnädig sein und sie von den Schmerzen befreien. Alle Kälte war verschwunden, und wohlige Ruhe fing sie ein. Erst das Gebrüll ihres Widersachers, das sich durch das Rauschen des Blutes in ihren Adern kämpfte, ließ sie aufschrecken. Was tat sie hier? Sie durfte jetzt um Himmels Willen nicht ohnmächtig werden, denn das würde ihren sicheren Tod bedeuten! Mit aller Macht riss sie sich zusammen und kämpfte dagegen an, das Bewusstsein zu verlieren.

Hier haben wir die Nebensächlichkeit des Vogelgezwitschers absichtlich in den Vordergrund gestellt. Aber wenn Sie nicht bewusst ein solches Mittel nutzen wollen, dann gehört es nicht in eine Action-Szene. Das Interessanteste, was ich übrigens zum Thema des Schreibstils bisher gelesen habe, war im Vorwort der 2003 erschienenen überarbeiteten Ausgabe von „Der dunkle Turm 1“ vom Altmeister Stephen King. Dort schreibt er zur Überarbeitung seines alten Romans:
„*... Folglich war es nicht überraschend, in Rolands erstem Auftritt ein hohes Maß an Anspruch vorzufinden (ganz zu schweigen von schier unzähligen überflüssigen Umstandswörtern). Ich habe so viel von diesem hohlen Gewäsch entfernt, wie ich konnte, und bereue in dieser Hinsicht keine einzige Kürzung. An anderen Stellen – ausnahmslos solche, wo mich besonders begeisternde Teile der Story dazu verleitet haben, alle Vorstellungen aus den Schreibkursen zu vergessen – war es mir möglich, das Geschriebene bis auf die üblichen Dinge, die jeder Autor bei der Durchsicht macht, annähernd unberührt zu lassen.*“
Anmerkung: Roland ist der Protagonist seines Romans.

Sicher können Schreibkurse einige Hilfestellungen geben. Auch für Menschen, die zunächst überhaupt kein Gefühl für das Schreiben haben, es aber gerne erlernen möchten, können Schreibkurse die einzige Möglichkeit bieten, irgendwann zum Erfolg zu gelangen.
Aber wenn Sie das Gefühl haben, dass Sie das Schreiben nicht vor unüberwindbare Probleme stellt, dann können Sie getrost damit anfangen, ohne sich teure Kurse zu leisten. Natürlich müssen Sie sich am Ende der schonungslosen Kritik Ihrer Testleserinnen stellen und ehrlich zu sich selber sein.
Am besten ist es, wenn Sie so schreiben, wie Sie es gerne lesen würden. Deshalb sollten Sie sich nach jedem Kapitel den gerade fertiggestellten Teil auch noch einmal durchlesen. Gefällt Ihnen selbst die Formulierung an allen Stellen? Wenn Sie selbst schon Zweifel haben, dann kann es Ihrer Leserin nicht gefallen. Also ändern

Sie umgehend, was Ihnen nicht perfekt erscheint! Erinnern Sie sich: Jeder Satz lässt sich umstellen und umformulieren. Wenn Ihnen ein bestimmtes Wort nicht gefällt, dann nehmen Sie ein anderes oder umschreiben es irgendwie. Sowohl Textverarbeitungsprogramme bieten die Möglichkeit, nach Synonymen für Wörter zu suchen, als auch das Internet. Und wenn Sie mal überhaupt nichts Passendes finden, dann überlegen Sie, ob der Satz, der Ihnen nicht zusagt, für die Geschichte überhaupt wichtig ist. Vielleicht können Sie ihn einfach ersatzlos streichen. Ich weiß, zu Anfang fällt es einem schwer, etwas von der eigenen Arbeit wegzuwerfen, aber manchmal kann es das Buch sogar besser machen, wenn man einen eher unwichtigen ganzen Absatz einfach entfernt.
Wenn Sie ein anderes Buch lesen, das Ihnen besonders gut gefällt, dann überlegen Sie, warum es Ihnen so gut gefällt. Wie schreibt der Autor? Können Sie sich davon etwas abgucken?
Und wenn Sie dann Ihre eigenen Kapitel lesen, wie hätten Sie die gerne lesen wollen? Wie hätten sie sein müssen, um für Sie perfekt zu sein? Die Antwort darauf liefert Ihnen auch die Antwort auf die Frage, was Sie überarbeiten müssen.

Bringen Sie Abwechslung in die Länge der einzelnen Sätze. Es sollte nicht jeder Satz ellenlang sein, aber genauso wenig sollte jeder Satz nur aus fünf Wörtern bestehen. Die richtige Mischung macht es. Ich habe mal eine Empfehlung gelesen, dass man immer einen kurzen und einen langen Satz im Wechsel machen soll. Persönlich halte ich das für übertrieben, aber wenn Sie sich sonst unsicher sind, dann können Sie sich durchaus daranhalten. Verkehrt ist es jedenfalls nicht. Wahrscheinlich werden Sie aber im Laufe der Zeit sowieso ein gewisses Gefühl dafür entwickeln und gar nicht mehr darüber nachdenken.

Für die lebendige Ausschmückung des Geschehens versetzen Sie sich geistig an den Ort des Geschehens. Folgende Fragen können Ihnen Hinweise auf Dinge geben, die Ihre Leserin wissen sollte, damit sie die Szene miterleben kann.

- Thema Lichtverhältnisse: Ist es hell, dunkel oder zwielichtig? Gibt es vielleicht nur ein diffuses Licht? Welche Lichtfarbe hat das Licht (wenn denn überhaupt Licht vorhanden ist)? Ist es ein warmes Licht, oder erleuchten kalte Neonröhren oder LED-Strahler mit einer kalten Lichtfarbe den Raum? Wenn es eine künstliche Lichtquelle ist, wo (von der Figur aus gesehen) befindet sich diese? Ist die Figur geblendet? Oder kann sie davon ausgehen, dass ihr Gegenüber geblendet ist? Wo sind Schatten, und wie lang sind diese? Wenn es draußen, Tag und wolkenfrei ist: Wie tief steht die Sonne (muss zur Uhrzeit passen!)
- Wie ist das Wetter? Regnet oder schneit es, ist es windig, stürmisch oder windstill?
- Wonach riecht es? Gibt es für den Ort des Geschehens typische Gerüche?
- In welchem Zustand befinden sich die vorhandenen Dinge? Sind sie verwittert oder in tadellosem Zustand? Alt oder neu? Von Vandalen zerstört und farbig angesprüht oder unversehrt?
- Ist es dreckig oder sauber?
- Wie ist die Stimmung? Was würden Sie empfinden, wenn Sie diesen Ort betreten?
- Welche Geräusche gibt es hier üblicherweise? Welche gibt es gerade jetzt im Speziellen?
- Ist es heiß, warm, kalt oder angenehm?
- Können Sie von etwas berührt werden, wenn sie umhergehen, beispielsweise von Spinnweben oder herunterhängenden Ästen?
- Gibt es Geräusche, wenn Sie laufen?
- Wenn Sie an diesem Ort wären, läge ein bestimmter Geschmack auf Ihrer Zunge?
- Wie ist die Bodenbeschaffenheit? Hart, weich, glatt, eben, uneben...?
- Wie ist die Luft? Ist es stickig, sodass das Atmen schwerfällt? Oder ist die Luft salzig wie am Meer? Frisch wie im Wald?

Sie müssen nicht immer zu allen Punkten etwas schreiben. Überlegen Sie, was wichtig ist, damit der Leser in die Szenerie eintauchen kann. Welche Art von Szene ist es? Davon hängt es ab, wie viel Sie an Beschreibung hineinpacken können. Wie bereits zuvor beschrieben, sollten Sie Ihre Actionkapitel damit nicht überladen. An anderen Stellen kann es aber auch umfassender sein.

Lassen Sie sich nicht von „dem fehlenden Wort“ blockieren!
Oft ist es so, dass man beim Schreiben gerade nicht das passende Wort oder die richtige Formulierung findet. Wenn man ansonsten gerade einen tollen Schreibfluss hat und tief in der Story ist, darf man sich davon nicht aufhalten lassen. Schreiben Sie stattdessen eine schlechte Formulierung hin, damit Sie später noch wissen, was Sie hier aussagen wollten, und schreiben Sie dann einfach weiter. So zerstören Sie nicht Ihren tollen Lauf beim Schreiben. Am Ende des Kapitels werden Sie sich den Text sowieso noch einmal durchlesen und wieder auf diese Stelle stoßen. Nun haben Sie immer noch genug Zeit, um an der Formulierung herumzufeilen. Manchmal fällt Ihnen sogar beim Durchlesen sofort die passende Alternative ein. Und wenn nicht, dann ist es auch nicht schlimm, denn jetzt haben Sie ja alle Zeit der Welt dafür.
Selbst wenn Sie einen ganzen Absatz ziemlich holprig herunter schreiben, damit Sie erstmal weiterkommen, ist das in Ordnung. Solange Sie Ideen haben und Gedanklich in der Handlung sind, schreiben Sie, schreiben Sie, schreiben Sie!

Rechtschreibung und Grammatik

Kommen wir zu einem ganz unliebsamen Thema. Viele Neuautoren unterschätzen das sehr. Sie sind der Meinung, dass es doch mehr um die Geschichte geht als darum, dass alles hundertprozentig korrekt ist. Leider muss ich Ihnen verraten, dass dies ein sehr großer Irrtum ist. Dabei ist es zunächst unerheblich, ob Sie Ihr Buch selbst verlegen oder sich bei einem Verlag bewerben wollen. Natürlich haben die Verlage ihre Korrektorate. Aber die Herstellung eines Buches ist ohnehin nicht ganz billig, wenn man, im Gegensatz zur Book-on-Demand-Herstellung, gleich eine ganze Auflage drucken und binden lässt. Wenn das Korrektorat sich dann noch ewig mit der Korrektur aufhalten muss, weil auf jeder Seite Fehler zu finden sind, dann ist die Arbeitszeit nicht nur zu teuer, sondern es macht auch keinen Spaß. Sicher wird der eine oder andere Fehler verziehen – dafür ist das Korrektorat ja da. Aber es sollte sich doch in Grenzen halten. Gehen Sie deshalb davon aus, dass ein Verlag Ihr Buch auch dann ablehnen wird, wenn die Story toll ist, aber es vor Rechtschreib- oder Grammatikfehlern nur so wimmelt.

Wenn Sie Ihr Buch selbst auf den Markt bringen, dann ist es sogar noch viel wichtiger. Sollten die ersten Leserinnen in den Rezensionen schreiben, dass man Ihr Werk niemandem zumuten kann, der in der deutschen Rechtschreibung einigermaßen versiert ist, dann war es das schon mit dem Erfolg.

Was kann man nun tun, wenn man einfach nicht so sicher ist mit der Orthografie?

Zunächst sollten Sie selbst viel lesen. Es ist erstaunlich, wie viel man dadurch lernt, ohne es überhaupt zu merken. Suchen Sie sich dafür bitte Bücher von renommierten Verlagen aus. Natürlich schreiben die meisten Indie-Autoren auch richtig – aber eben leider nicht alle.

Dann gibt es heutzutage in jedem halbwegs anständigen Textverarbeitungsprogramm eine Rechtschreibprüfung. Stellen Sie diese an. Damit wird ein falsch geschriebenes Wort automatisch markiert und Sie erkennen Ihren Fehler. Auch hierdurch werden Sie mit der Zeit lernen.

Allerdings wird Ihnen selbst eine Grammatikprüfung der Software nicht immer einen Hinweis auf einen schlechten Satzbau oder ähnlichem geben. Sie können sich also nicht blind darauf verlassen.
Wenn Sie fertig mit dem Schreiben sind, geben Sie das Manuskript jemandem, der sehr gut im Schriftlichen ist. Lassen Sie diese Personen aber nicht einfach nur die Korrektur machen, sondern alle Fehler markieren oder herausschreiben. Am Ende soll ja nicht nur das Buch korrigiert sein, sondern Sie sollen für Ihr nächstes Werk etwas dazulernen. Je öfter Sie auf einen bestimmten Fehler hingewiesen werden, umso mehr verinnerlichen Sie, wie es richtig ist. Sie werden sehen: Je länger Sie schreiben, umso weniger Fehler werden Sie machen.
Wenn Sie niemanden kennen, dem Sie eine so gute Rechtschreibung bzw. Grammatik zutrauen, dann wird es schwierig, aber nicht aussichtslos. Beispielsweise gibt es professionelle Korrektorate, die gegen Bezahlung diese Arbeit vornehmen. Allerdings kostet das meistens ab 3,- Euro je Normseite aufwärts.
Die Definition einer Normseite lautet übrigens, dass sie 30 Zeilen mit je 60 Anschlägen hat. Das sind die Anzahl Zeichen inklusive Leerzeichen. Um die Anzahl der Normseiten von Ihrem Buch herauszubekommen, müssen Sie das Dokument in Ihrer Textverarbeitung so formatieren, dass genau diese Anzahl von Zeilen bzw. Zeichen auf die Seite gehen. Vorsicht: Bei den meisten Schriftarten ist die Breite der einzelnen Buchstaben unterschiedlich! Bei solchen Schriftarten gehen, je nach benutzten Zeichen, unterschiedlich viele in eine Zeile. Nehmen Sie deshalb eine Schriftart, deren Zeichen alle gleich breit sind. Meistens sind die Schriftarten „Courier“ oder „Courier New“ solche Schriftarten. Die richtige Breite des Dokuments bekommen Sie, wenn Sie die Seitenränder entsprechend so weit vergrößern oder verkleinern, bis mit der gewählten Schriftart genau 60 Buchstaben in eine Zeile passen. Dann ändern Sie für alle Absätze Ihres Dokuments den Zeilenabstand so ab, dass exakt 30 Zeilen auf eine Seite passen. Mit etwas Herumprobieren werden Sie das hinbekommen.
Für eine eventuelle Selbstveröffentlichung brauchen Sie allerdings andere Einstellungen und eine bessere Schriftart. Das Formatieren auf Normseite benötigen Sie hauptsächlich zum Bestimmen der Seitenanzahl nach

Norm. Außerdem würde ich Leseproben, die Sie bei Verlagen einreichen, immer auf Normseite formatieren.
Wenn Sie für die Korrektur einen bezahlten Service in Anspruch nehmen, dann achten Sie darauf, dass dieser wirklich Erfahrung damit hat, denn nicht jeder, der ein Korrektorat anbietet, muss auch wirklich gut sein.
Zum Thema „bezahlte Hilfen": Es gibt auch Lektorinnen, die Ihren Roman gegen Entgelt lektorieren. Auch hier ist Vorsicht geboten. Tatsächlich kann sich jede beliebige Person selbständig machen und sich Lektor bzw. Lektorin nennen! Sogar in manch größerem Verlag werden teilweise Studentinnen als Lektorinnen beschäftigt. Ob die mein Buch wirklich besser beurteilen können als ich oder vor allem meine Testleserinnen, ist fraglich.
Man sollte jetzt natürlich nicht alle Lektorinnen über einen Kamm scheren. Wenn Sie eine Lektorin finden, die jahrelang für einen renommierten Verlag gearbeitet hat, dann weiß sie auch sehr gut was sie tut und was die Leserschaft von einem Roman erwartet. Eine solche Lektorin kann durchaus Gold wert sein. Hüten Sie sich jedoch vor Leuten, die keinerlei wirkliche Erfahrung nachweisen können. Vertrauen Sie stattdessen auf das Urteil Ihrer Testleserinnen (siehe im Kapitel „Testleserinnen").

Doch noch einmal zur Rechtschreibung und zur deutschen Sprache. Beim Schreiben sollten Sie sich einer korrekten Sprache bedienen, ohne dabei allerdings steif zu wirken. Es muss nicht alles hochtrabend sein oder sich hochgestochen anhören. Aber korrektes Deutsch werden die meisten Leserinnen von Ihnen erwarten. Davon abweichen können Sie in der wörtlichen Rede. Hier kann es sogar sein, dass Sie das tun müssen. Lassen Sie die Figuren so sprechen, wie sie es in Wirklichkeit tun würden. Stellen Sie sich eine Begebenheit in einem sozialen Brennpunkt vor, wo das Bildungsniveau auf der untersten Sprosse der Leiter ist. Ein junger Mann wird von einem Anwohner um Feuer gebeten. Was würden Sie denken, wenn Sie dazu in einem Roman das lesen würden:
Ein Junge kam ihm mit lockeren Schritten entgegen. Sowohl das breite Kreuz als auch die Nieten besetzte Lederjacke machten auf Peter keinen allzu

vertrauenerweckenden Eindruck. Der Glimmstängel, der mehr nach Joint als nach Zigarette aussah, unterstrichen diesen Eindruck noch. Einen Moment später stand der vielleicht fünfzehn Jahre alte Typ vor ihm.
„Entschuldigen Sie, wären Sie so freundlich und würden mir Feuer geben?“, fragte der Junge, in dessen Augenbraue Peter jetzt ein Piercing bemerkte.

Das nimmt uns so niemand ab, nicht wahr? Stattdessen fragt der Kerl schlicht und einfach:

„Hey, hast du mal Feuer?“
oder sogar:
„Hey, haste ma Feuer?“

Auch das ist ein Bestandteil, der Ihren Roman etwas lebendiger wirken lässt. In der wörtlichen Rede, also bei allem, was Ihre Figuren direkt aussprechen, können Sie sowohl das Niveau der Person einfließen lassen als auch die Herkunft. Ein Bayer, Schweizer oder Österreicher kann Ihr Buch etwas auflockern, wenn er die richtigen, landestypischen Sprüche im passenden Dialekt anbringt. Auch Jugendliche und Kinder haben ihre eigene Sprache. Beobachten Sie einfach Ihre Mitmenschen auf der Straße, in der Stadt und in Bus und Bahn. Manche Redewendungen sind für bestimmte Personenkreise ganz eigen.
Wie bei allem anderen dürfen Sie es auch hiermit nicht übertreiben. Die Leserin möchte trotzdem weitgehend ein gutes Deutsch lesen. Außerdem könnte zu viel des Guten den Lesefluss hemmen. Nehmen Sie dieses Stilmittel also dort, wo es absolut passt, und lassen Sie es da, wo es eben nicht hingehört.

Ideen-Pool

Sie werden immer wieder Einfälle zu Ihrem Roman haben, die nicht zur aktuellen Stelle des Manuskripts passen. Legen Sie sich dafür einen eigenen Zettel, ein Notizbuch oder ein Dokument auf dem Computer an und notieren Sie sich alles. Hier ist wirklich größte Disziplin geboten! Manchmal ist die ach so tolle Idee schon nach wenigen Minuten wieder vergessen. Da man in einigen Fällen nie wieder darauf kommt, was man an anderer Stelle eigentlich vorhatte, muss am Ende eine zweitklassige Ersatzlösung herhalten. Das wäre sehr schade.

Wenn Sie mehr als einen Roman schreiben wollen, dann legen Sie sich mehrere Notizblätter oder Dokumente an:

- eins für den aktuellen Thriller oder Krimi
- eins für interessante Charaktere, die Ihnen gerade einfallen, aber nicht zu dem aktuellen Buch passen
- eins für Ideen zu Handlungen oder tollen Szenen für zukünftige Romane

Aus den letzten beiden Pools können Sie bei späteren Projekten schöpfen.

Schreiben Sie sich auch Ideen auf, die noch unausgegoren sind. Wenn Sie die Grundidee für gut und interessant halten, können Sie vielleicht später etwas Brauchbares und Tolles daraus machen.

Achten Sie darauf, dass Ihre Notizen aussagekräftig sind. Manchmal reicht ein einziges Wort. Aber verlassen Sie sich nicht darauf, dass Sie in einem Jahr mit diesem Wort noch das gleiche verbinden wie heute! Deshalb ist es sinnvoll, die neue Idee wenigstens ein wenig zu beschreiben. Mir ist es mehr als einmal passiert, dass ich einen Einfall viel zu kurz oder zu grob umrissen habe und später einfach nichts mehr damit anfangen konnte. Dabei war ich mir sicher, dass es sich um etwas sensationell Gutes gehandelt hatte. Diese Dinge waren unwiederbringlich weg. Das ist mehr als ärgerlich und soll Ihnen nicht passieren.

Kapitelüberschriften

Da die Leserin erkennen sollte, wo ein neues Kapitel beginnt, werden im Allgemeinen am Anfang eines Kapitels Überschriften oder Nummerierungen eingefügt. Beides ist gleichermaßen gut und Sie können nach eigenem empfinden entscheiden, was Sie lieber mögen. Ich habe beides schon gemacht, präferiere aber die Überschrift. Damit kann man die Leserin nämlich auch mal neugierig machen. Nur sollten Sie die Überschrift so wählen, dass sie inhaltlich auch zum Kapitel passt. Wenn Sie sich unsicher sind, dann nummerieren Sie die Kapitel einfach durch. Die Leserin wird kaum einen Unterschied feststellen und sich auch nichts dabei denken. Ob Sie dann „Kapitel 1“ usw. oder einfach nur die Zahl hinschreiben, ist reine Formsache und ohne Bedeutung. Entscheiden Sie nach dem Bauchgefühl.

Unser erstes Kapitel von „Sklaverei 2.0“

Es ist Zeit, mit der eigentlichen Schreiberei zu beginnen. Das von mir vorgefertigte Kapitel soll lediglich als Beispiele dienen. Wie bereits gesagt, dürfen Sie es zwar gerne übernehmen, aber Sie sollten dann wenigstens ein paar Änderungen vornehmen oder einfach dieselbe Begebenheit mit Ihren eigenen Worten erzählen. Sie können sich die Texte auch als Übungstexte vornehmen, und einfach jeden Satz umstellen. Ich überlasse es Ihnen, ob Sie die Geschichte vielleicht ganz anders erzählen wollen.

Sklaverei 2.0 Kapitel 1

Niklas trat auf den hinteren Rand seines Skateboards. Dadurch sprang das vordere Ende mit einem lauten Geräusch hoch und flog direkt in seine rechte Hand.
„Let's go!“, sagte er zu Jamie und bedeutete ihr mit der linken Hand, voraus zu gehen.
Sie lächelte schüchtern und lief los. Mit ihren glatten, schulterlangen Haaren, deren Schwarz in der Septembersonne glänzte, sah sie so unschuldig und jung aus. Niklas versuchte zu erraten, wie alt sie sein mochte. Sechzehn, schätzte er, vielleicht siebzehn.
Sie hatten sich gerade erst im Supermarkt kennengelernt. An der Kasse hatte er hinter ihr gestanden und mitbekommen, dass sie Fragen zu der Prepaid Karte hatte, die sie gerade kaufen wollte. Allerdings sprach sie offenbar nur wenig Deutsch und schien die Kassiererin nicht zu verstehen. Die wiederum hatte keinerlei Englischkenntnisse. So hatte Niklas mit seinem mehr schlechten als rechten Sprachvermögen ausgeholfen. Als das Mädchen, das sich ihm als Jamie vorgestellt hatte, noch immer besorgt dreingeblickt hatte und sich scheinbar unsicher war, ob sie damit klarkommen würde, hatte er angeboten, ihr bei der Freischaltung zu helfen. Das hatte sie dankbar angenommen, und jetzt waren sie auf dem Weg zu ihrer Wohnung.
Auf Englisch fragte er, wie alt sie sei.
„Bitte spreck deuitsch mit mir“, forderte sie ihn auf. „Sonst isch lerne nickt.“

„Ok. Also: Wie alt bist du?"
„Zwanzig, und du?"
„Du bist echt schon zwanzig? Twenty? Wow, ich dachte du bist viel jünger."
Die ganze Zeit hatte er versucht, Jamie nicht wirklich als Frau zu sehen, obwohl er sie ganz schön süß fand. Mit zu jungen Mädchen konnte er nichts anfangen, deswegen hatte er sich die Ausländerin gar nicht allzu genau angesehen. Doch jetzt blickte er intensiv zu ihr rüber. Warum hatte er sie eigentlich als so süß empfunden? Wahrscheinlich wegen der kleinen Stupsnase und dem eher kleinen Mund mit den feinen Lippen.
Als sie ihm ihren Blick zuwandte, sah er schnell weg. Hatte sie mitbekommen, dass er sie angestarrt hatte? Wie peinlich!
„Wie alt bist du?", wiederholte sie ihre Frage.
„Ich bin zweiundzwanzig. Wo kommst du eigentlich her?"
„Los Angeles. Und du? Bist du born hier?"
„Nein, ich komme eigentlich aus Hamburg. Aber ich habe hier einen guten Job bekommen. Die Frage müsste übrigens heißen: Bist du hier geboren?"
Sie bog an einer Ecke ab. „Oh, good. Korrigier mich, wenn ich was falsch sage. Wir sind gleich da."
„Hattest du Deutsch in der Schule? Du sprichst gar nicht schlecht."
„Es sollte besser sein", antwortete sie und zog einen Schlüssel aus ihrer Jackentasche heraus. „Ja, isch lerne Deuitsch in der Highschool."
Vor einem Altbau blieb sie stehen und öffnete die Tür. Niklas sah an dem Haus empor und zählte vier Stockwerke. Als er hinter ihr das Haus betrat, umgab ihn ein schemenhaftes Halbdunkel. Trotzdem konnte er in dem breiten Flur zwei Kinderwägen erkennen.
„Da kannst du dein Board hinlegen. Niemand steals hier was."
„Und wenn doch?" Niklas zögerte. Er hatte das Skateboard einst mit einem seiner Lehrer selbst gebaut. Es war wie ein kleines Heiligtum für ihn.
„Ich kauf dir ein Neuer", entgegnete sie lachend.
„Ein Neues", korrigierte er, wobei er das Ende des Wortes betonte. „Dieses Board kann man nicht kaufen", fügte er hinzu, lehnte es dann aber trotzdem hochkant an die

Wand neben einen der Kinderwägen. Das Mädchen war sich offenbar sicher, dass hier nichts wegkam.
Schon sprang sie vor ihm die Treppe hinauf, und er musste sich beeilen, um mitzuhalten. Es ging bis ganz nach oben. Niklas bemerkte, dass Jamie ebenso wenig außer Atem war wie er. Das Mädchen war also sportlich, wie schön!
Einen Moment später stand die Tür offen und sie ließ ihm den Vortritt. Als erstes bemerkte Niklas, dass die Einrichtung sehr modern und hell war. Obwohl das natürlich unsinnig war, wie er selbst fand, hatte er das in diesem alten Haus nicht erwartet. Die glänzend hellgrauen Schrankwände standen im krassen Gegensatz zu dem Treppenhaus, das Niklas als bedrückend dunkel und altbacken empfunden hatte. Langsam drehte er sich um die eigene Achse, um alles in sich aufzunehmen. Offenbar war alles in dem großen Raum mit hohen Wänden untergebracht. Rechter Hand hatte er eine kleine Einbauküche ausgemacht. Nach einer halben Umdrehung erblickte er auf der linken Seite ein großes Futonbett. Dazwischen war das Wohnzimmer untergebracht.
„It's klein, aber it's mein“, grinste Jamie und schloss die Tür.
„Es ist cool“, fand Niklas. Zwischen dem Wohn- und dem Schlafzimmerbereich sah er eine Tür, die zum Bad führen musste. „Wie viel bezahlst du hier?“
„Dreihundert Euro pro Monat. Möchtest du etwas zu trinken? Ich habe Wasser oder Cola. Oder ich macke dir ein Kaffee.“
„Gerne eine Cola. Aber ich müsste erst mal auf die Toilette.“
Sie deutete auf die Tür, die Niklas bereits als die Badezimmertür identifiziert hatte. Mit wenigen Schritten erreichte er sie und betrat ein kleines Bad. Unverzüglich schoss ihm durch den Kopf, dass hierfür offenbar das Geld nicht mehr gereicht hatte. Während das restliche Appartement einen sehr modernen Eindruck bei ihm hinterlassen hatte, fühlte er sich hier sofort in die 1970er Jahre versetzt. Dadurch, dass der kleine Raum kein eigenes Fenster besaß, wirkte es zunächst noch dunkler, als es wirklich war. Doch auch nachdem Niklas das Licht angeschaltet hatte, das mit einer nackten Stromsparbirne die Umgebung ausleuchtete, erschienen die braunen

Kacheln kaum heller oder gar freundlicher. Das Getöse, das von einem Lüfter in der Decke kam, machte den Aufenthalt nicht angenehmer. Das Teil wäre das erste, was er hier austauschen würde, wenn er in Kontakt mit dem Mädchen blieb. Der Lüfter musste genauso alt sein wie die hässlichen Kacheln.

Als er den Klodeckel anhob, erblickte er darunter eine Toilettenschüssel, die ihre beste Zeit seit vielen Jahren hinter sich hatte. Um sich nicht zu sehr mit solch ekelhaften Gedanken beschäftigen zu müssen, sah er sofort weg. Er lehnte den Deckel an den Spülkasten, wobei ein undefinierbares Geräusch ertönte, das Niklas viel zu laut für diese einfache Aktion vorkam.

Während er im Sitzen seine Blase erleichterte, gab der Lüfter das eine oder andere Quietschen von sich, das sich mehr wie der Schrei einer Katze anhörte. Ja, er würde das Teil umgehend austauschen! Natürlich nicht nur, um zukünftig bei seinen Toilettengängen weniger genervt zu sein. Ein positiver Nebeneffekt war, dass die meisten Frauen es zu schätzen wussten, wenn ein Mann handwerklich begabt und zudem noch hilfsbereit ist. Vielleicht konnte er damit bei Jamie ein paar Punkte sammeln.

Als er die Spülung betätigte, wurde ihm klar, dass er auch hieran etwas verändern musste. Die merkwürdigen Töne, die im Hintergrund beim Rauschen des Wassers auftraten, erinnerten eher an ein zusammenfallendes Haus als an eine Spülung. Von den hohen Wänden wurde die Geräuschkulisse so reflektiert, dass es teilweise aus ganz anderen Richtungen zu kommen schien.

Nachdem er sich die Hände gewaschen hatte – die Wasserleitung gab erstaunlicherweise keine merkwürdigen Geräusche von sich – versuchte er die Größe des Ventilators einzuschätzen. Ein Ersatzgerät würde im Versandgroßhandel keine zwanzig Euro kosten. Die vier verrosteten Schrauben wollte Niklas auch durch neue ersetzen. Das einzige Probleme könnte auftauchen, wenn die Schrauben festgefressen waren und sich nicht herausdrehen ließen. Vorsichtshalber würde er für die Montage ein lösendes Ölspray mitbringen.

Sein Blick wanderte zu dem Spülkasten. Nein, den würde er ihr nicht finanzieren. Aber wenn sie ihm das Geld dafür

gab, würde er ihr einen anständigen besorgen und auch einbauen.
Niklas Gedanken wurden von einem Geräusch unterbrochen, das sich wie eine zufallende Tür anhörte, durch den Lärm des Lüfters allerdings nicht eindeutig eingeordnet werden konnte. War das auch von hier drinnen gekommen? Egal.
Mit einem Achselzucken drehte Niklas sich zur Tür und verließ den unangenehmen Ort. In Jamies Appartement empfing ihn Stille. Weder spielte ein Radio, noch sprach jemand zu ihm. Es war auch niemand da, der zu ihm hätte sprechen können. Jamie war verschwunden.
Ungläubig sah Niklas sich um, aber das Mädchen war einfach nicht da. Vielleicht hatte sie ja etwas beim Einkauf vergessen und war noch einmal schnell zu dem Laden gelaufen. Niklas fand es sehr mutig von ihr, ihn alleine in der Wohnung zu lassen. Immerhin kannte sie ihn überhaupt nicht.
Vielleicht sah er sie noch unten auf dem Gehweg. Doch ein Blick aus dem Fenster zeigte eine leere Straße, auf der sich außer einem dunkelblauen Transporter, der sich gerade in Bewegung setzte, nichts regte. Nachdenklich sah er dem dreckigen Mercedes Sprinter hinterher. Als sie gekommen waren, hatte das Auto noch nicht vor dem Haus gestanden. Jetzt war er gerade aus einer Parklücke direkt vor der Haustür gefahren. Wahrscheinlich war es ein Paketdienst, der nur etwas abgegeben hatte. Wenn der technische Zustand genauso war, wie das Fahrzeug von außen aussah, würde es nicht mehr lange seinen Dienst verrichten. Niklas konnte nicht mal das Kennzeichen entziffern, so verdreckt war es. Wenn er selbst mal ein Auto haben sollte, würde er es äußerlich genauso verschmutzen lassen. Damit würde der Wagen zum einen für Diebe uninteressant, und zum anderen das Kennzeichen auf Bildern von Blitzanlagen unkenntlich sein. Zwei Fliegen mit einer Klappe.
Aber ein Auto brauchte er nicht wirklich. Vielleicht später einmal, wenn er in einem Jahrhundert eine Familie gründen würde. Hier kam er überall mit seinem Fahrrad oder mit dem Skateboard hin.
Niklas wandte sich vom Fenster ab. Auf dem Wohnzimmertisch vor der grauen Ledercouch entdeckte er zwei Gläser und eine Flasche Cola. Wenigstens hatte sie ihm noch etwas zum Trinken hingestellt. Vielleicht

hatte sie ihm sogar zugerufen, dass sie noch mal kurz wegmusste. Durch das Getöse der elektrischen Belüftung hatte er es nur nicht hören können.
Entspannt setzte er sich auf die Couch und goss sich eine Cola ein. Während er langsam trank, besah er sich das Appartement etwas genauer. Es gab nicht viel Persönliches zu entdecken. Lediglich ein Bild von einem etwas älteren Ehepaar stand auf dem Nachtschränkchen. Niklas vermutete, dass es sich um Jamies Eltern handelte. Ansonsten war der große Raum zwar schön, aber eher anonym; wenn man von dem Portemonnaie auf dem Tisch absah. Und von dem Schlüsselbund. Niklas zog die Stirn in Falten. Das Portemonnaie und der Schlüsselbund. Warum verlässt jemand, der noch etwas einkaufen möchte, die Wohnung ohne diese beiden Gegenstände? Die Schlüssel waren eindeutig diejenigen, mit denen Jamie die Haus- und die Wohnungstür geöffnet hatte. Somit war es wohl kein Zweitschlüssel. Verließ sich das Mädchen darauf, dass Niklas sie hereinlassen würde? Echt ganz schön abgefahren! Und dumm. Und warum hatte sie die Geldbörse liegen lassen? Wollte sie eventuell nur schnell etwas aus dem Keller holen? Das musste es sein! Vielleicht lagerte sie im Keller ihr Mineralwasser. Sie würde jede Sekunde wiederkommen. Bei diesem Gedanken entspannte Niklas sich wieder und lehnte sich zurück. Langsam trank er seine Cola und betrachtete erneut die Wohnung. Alles war gefühlte tausend Mal ordentlicher als sein WG-Zimmer. Auch die Küche in seiner Wohngemeinschaft sah niemals so steril und sauber aus wie hier. Zumindest stand immer irgendetwas herum. Nicht, dass Philipp und er es so weit treiben würden, dass Essensreste in den Töpfen oder Tellern schimmelten. Aber sie stellten schon mal eine Tasse einfach auf die Arbeitsfläche, um sie dann später zusammen mit anderen Dingen in die Spülmaschine zu räumen.
Hier aber stand nichts herum. Neugierig stand Niklas auf und ging zur Edelstahlspüle. Ein Blick hinein bestätigte, was er bereits vermutet hatte: Auch hier lagerte weder dreckiges noch sauberes Geschirr. Nur ein paar Wasserflecken zeigten, dass die Spüle benutzt wurde. Er griff nach der Spülmaschinentür. Einen Moment lang zögerte er, sah zur Wohnungstür und horchte in die Stille.

Als nichts zu vernehmen war, öffnete er die Maschine und warf einen schnellen Blick hinein. Dort stand das, was er draußen vermisst hatte. Zwar waren es nur zwei Tassen, ein Frühstücksteller und zwei Teelöffel, aber diese wenigen Teile beruhigten ihn ein wenig. Für einen kurzen Moment hatte er das Gefühl gehabt, als sei diese Wohnung überhaupt nicht bewohnt.

Einem Impuls folgend lief er zur Wohnungstür, öffnete sie, und rief in das Treppenhaus hinaus: „Jamie?" Seine Stimme hallte durch das Haus. Als das Echo verklungen war, wurde es wieder still.

Enttäuscht schloss Niklas die Tür und setzte sich wieder auf das Sofa. Mit einem Blick auf die Uhr erkannte er, dass er schon eine Viertelstunde wartete. Was war nur mit diesem Mädchen los? Sie konnte ihn doch nicht einfach alleine in ihrer Wohnung lassen! Naja, offenbar konnte sie es.

Die Zeit verrann so zäh wie ein alter Kaugummi. Zwei Stunden und drei Gläser Cola später war Jamie noch immer nicht aufgetaucht. Schon längst hatte Niklas begonnen, sich ernsthafte Sorgen zu machen. Zwischendurch hatte er überlegt, ob der Fahrer des Transporters vielleicht ein Freund von Jamie gewesen ist und sie mit ihm weggefahren war. Aber dann hätte sie ihm doch Bescheid gesagt. Nein, sie hätte ihn vorher aus ihrer Wohnung geworfen.

Plötzlich wurde ihm klar, dass Jamies neues Handy mitsamt kompletter Verpackung weg war. Warum hätte sie das mitnehmen sollen? Sie hatte doch gar keine Ahnung, wie man die Karte freischaltete. Deswegen war er ja mitgekommen. Da stimmte doch etwas nicht!

Seine Sorgen vergrößerten sich umgehend. Irgendwas Merkwürdiges ging hier vor. So sehr er sich auch bemühte, eine plausible Erklärung für Jamies plötzliches Verschwinden fiel ihm nicht ein.

Langsam begann es draußen zu dämmern. Verdammt, eigentlich war er vor einer Stunde an der Halfpipe verabredet gewesen. Aber er konnte doch nicht einfach gehen, die Wohnungstür hinter sich zuziehen, und so tun, als sei nichts passiert. Die hereinbrechende Dunkelheit drückte noch mehr auf sein Gemüt. So alleine in der fremden Wohnung wurde ihm langsam mulmig. Außerdem brachte das Warten auch nichts. Jamie konnte noch ein paar Stunden oder sogar die ganze

Nacht wegbleiben. Doch wenn er jetzt ging, hatte er jede Verbindung zu dem Mädchen verloren. Was, wenn ihr etwas passiert war? Niklas konnte sich zwar nicht vorstellen, was das sein konnte, aber er hatte ein ganz ungutes Gefühl in der Bauchgegend. Jedenfalls war ihr Verschwinden nicht normal, soviel stand fest. Es war merkwürdig und er hatte absolut keine Erklärung dafür, aber er war mittlerweile überzeugt davon, dass sich dahinter etwas Schlimmes verbarg.

Plötzlich stand sein Entschluss fest. Er würde zur Polizei gehen und sie als vermisst melden. Um sich nicht ganz aus Jamies Umfeld auszusperren, würde er ihren Schlüssel mitnehmen. Wenn sie nicht wieder auftauchte, konnte er der Polizei wenigstens Zugang zu der Wohnung gewähren. Für den Fall, dass Jamie zu ihrer Wohnung zurückkam und noch einen zweiten Schlüssel bei sich trug, würde er ihr einen Zettel mit seiner Handynummer auf den Tisch legen.

In einer Schreibtischschublade fand er einen Kugelschreiber und einen Block. Die anderen Schränke durchsuchte er nicht. Das wäre ihm wie das Eindringen in Jamies Privatsphäre vorgekommen. Nachdem er ihr eine Nachricht geschrieben hatte, in der er seine Besorgnis zum Ausdruck brachte, nahm er den Schlüssel an sich und verließ die Wohnung. Als er das trübe Treppenhauslicht angeschaltet hatte, zog er die Tür zu. Er musste fest ziehen, denn das Schloss war schwergängig. Am Ende ging die Tür mit einem lauten Rums zu. Als gelernter Tischler sah er am Türrahmen entlang und stellte eine Enge im unteren Bereich fest. Das würde er leicht beheben können. Er wollte gerade seinen Blick abwenden, als er ein paar Erdbröckchen auf dem Boden bemerkte. Von ihm kam der Dreck definitiv nicht. Auf seine Sneakers passte er immer auf und hielt sie sauber. Jamies Turnschuhe, da war er sich sicher, waren ebenfalls sauber gewesen. Naja, wahrscheinlich lag der Dreck schon länger da und ihm ist es vorher nicht aufgefallen. Auf so etwas achtete er kaum.

Mit einem merkwürdigen, beklemmenden Gefühl, schlich er die Treppe hinunter. Sein Board stand noch genauso, wie er es verlassen hatte, an der Wand. Rechter Hand führte die Treppe weiter nach unten, offenbar in die Kellerräume des Hauses. Noch einmal rief er Jamies Namen. Einer Eingebung folgend stieg er die letzten

Stufen nach unten und sah sich um. Den kleinen Gang, der sich vor ihm auftat, konnte er mit sechs, sieben Schritten durchqueren. Rechts und links schlossen sich winzige Räumchen an, deren Wände und Türen lediglich aus einem Lattenkonstrukt bestanden, durch die man in jeden Verschlag hineinsehen konnte. Niklas wollte gerade das erste Kellerabteil inspizieren, als das Licht erlosch. Erschrocken drehte er sich um. Die Dunkelheit, die ihn umgab, war ebenso vollständig wie die Stille. Einen Moment lang musste Niklas sich sammeln, dann begriff er, dass die Zeit des Schaltautomaten vom Treppenhauslicht abgelaufen war. Er hatte keine Ahnung, wo hier unten ein Lichtschalter war. Deshalb zog er sein Handy aus der Tasche und leuchtete damit die Umgebung aus. Schnell fand er einen Schalter und machte das Licht wieder an.
Längst hatte er sich von dem Schrecken erholt. Dunkelheit war nichts, womit er ein Problem hatte. Nachdem er das Licht wieder eingeschaltet hatte, blickte er in die kleinen Abstellräumchen. Doch da alle bis auf einen leer waren, konnte er nichts Aufregendes entdecken. Das Einzige, was er in einem der Keller sehen konnte, war ein uralter Ofen, dessen Zustand er als schrottreif eingestuft hätte. Okay, hier war Jamie augenscheinlich nicht. Außerdem war klar, dass es hier auch nichts gab, weswegen sie kurz heruntergekommen sein mochte.
Mit schnellen Sätzen sprang er die Treppe hinauf. Dann nahm er sein Skateboard und verließ eilig das Haus.

Wenn Sie dieses Kapitel übernehmen, dann achten Sie darauf, dass Sie die Beschreibung von Jamie entsprechend nach dem anpassen, wie Sie sich Jamie vorstellen. Auch wenn Sie andere Teile der Lebensläufe verändert oder erweitert haben, müssen Sie eventuell Teile des Kapitels entsprechend ändern.
Außerdem sollten Sie sich jeden einzelnen Satz noch einmal unter allen in diesem Buch genannten Gesichtspunkten durchlesen! Ist alles lebendig geschrieben? Stimmt die Perspektive? Ist die Umgebung gut genug beschrieben, sodass die Leserin sich in die Szenerie hineinversetzen kann?

Es handelt sich hier um ein völlig unbearbeitetes Kapitel, welches durchaus Schwächen aufweist!
Sehen Sie sich beispielsweise den Anfang an. Hier haben wir einen besonderen Fall: Die Geschichte wird in der Vergangenheit erzählt. Bei Niklas Beschreibung davon, wie er Jamie kennengelernt hat, müssten wir korrekterweise eine andere Vergangenheitsform wählen. (Für diejenigen, die es grammatikalisch wollen: Die Geschichte wird im Imperfekt geschrieben. Wenn dort etwas erzählt wird, das von dort aus gesehen wiederum in der Vergangenheit liegt, müssten wir im Plusquamperfekt schreiben.) Dabei hätten wir in jedem Satz zusätzliche „hatte" oder „gewesen" einbauen müssen, womit wir zahlreiche Wortwiederholungen in mehreren Sätzen nacheinander generiert hätten. Das liest sich sehr unschön, deshalb habe ich die Zeitform nicht konsequent durchgezogen. Dies ist allerdings grammatikalisch falsch und sollte so nicht unbedingt stehen bleiben. Überlegen Sie, welche Möglichkeiten es gibt, um diese Vergangenheitsform herum zu kommen. Beispielsweise könnten wir die Szene an der Kasse beginnen und die Leserin miterleben lassen, wie die beiden sich kennengelernt haben. Auf der anderen Seite ist das eine wenig spannende Szene, die man nicht zu ausgiebig beschreiben sollte. Können wir etwas Spannendes oder Witziges in die Szene packen, um sie lesenswert zu machen? Welche Alternativen haben wir?
Außerdem wäre es schön, wenn wir Niklas Wartezeit noch etwas bedrückender darstellen könnten, damit die Leserin es deutlicher mitfühlt.
Ansonsten haben wir schon einige Informationen transportiert. Sowohl, dass Jamie aus den USA stammt, als auch, dass Niklas ursprünglich Hamburger ist. Wir haben der Leserin vermittelt, dass er in einer WG mit seinem Freund wohnt, und was er beruflich macht. Das alles haben wir ganz nebenbei einfließen lassen. Selbst, dass Niklas Skateboard eine Spezialanfertigung ist, weiß die Leserin bereits.

Wie schütze ich mein Manuskript vor Diebstahl?

Viele Neuautorinnen haben Angst, dass ihr Manuskript gestohlen wird, wenn sie es bei einem Verlag einreichen. Zunächst darf ich Sie beruhigen: Der Klau einer Buchidee oder gar eines ganzen Manuskriptes ist äußerst selten. Sogar so selten, dass Sie sich darüber eigentlich überhaupt keine Gedanken machen brauchen. Dennoch ist es verständlich, wenn Sie auf Nummer sicher gehen wollen. Schaden kann es jedenfalls nichts. Außerdem ist das für ein Manuskript sehr leicht. Sie müssen im Falle eines Falles nur nachweisen können, dass Ihr Manuskript existiert hat, bevor es beim Dieb erstmals in Erscheinung tritt oder erwähnt wird. Hierzu steht eine einfache aber pragmatische Sache zur Verfügung: Das Einschreiben mit Rückschein. Drucken Sie Ihr Manuskript zunächst komplett aus. Stecken Sie es in einen großen Umschlag, und schicken Sie es dann als Einschreiben mit Rückschein an sich selbst. Wenn es bei Ihnen ankommt, verwahren Sie es auf ewig ungeöffnet zusammen mit dem Rückschein. Sollte es irgendwann zu einem entsprechenden Gerichtsverfahren kommen, so bringen Sie den ungeöffneten Umschlag mit zur Verhandlung. Hier wird der Umschlag, am besten durch den Richter, geöffnet. Da hiermit nachgewiesen ist, wann das Manuskript fertig war und Sie es sich zugeschickt haben, steht das Fertigstellungsdatum fest. Wenn der gleiche Text ein halbes Jahr später unter einem anderen Namen als Buch erschienen ist, kann es sich also nur um ein Plagiat handeln.

So einfach der Schutz des Textes ist, so schwer ist der Schutz der Idee. Allein in Deutschland gibt es viele tausend Autorinnen und Autoren. Da kann es schon vorkommen, dass zwei Autorinnen die gleiche Idee haben. Nachzuweisen, dass ein anderer Ihre Idee geklaut hat, wird sich als äußerst schwierig bis gar nicht machbar erweisen.

Aber auch hierfür möchte ich Ihnen Ihre Bedenken nehmen. Wenn Ihre Idee so gut ist, dass jemand sie stehlen will, dann werden Sie ihren Roman verkauft haben, lange bevor dieser jemand sein Buch fertig geschrieben hat. Wie Sie selbst feststellen werden, wird aus einer Idee nicht innerhalb von wenigen Wochen ein druckreifes Buch. Also lehnen Sie sich zurück und entspannen sich.

Keine Angst vorm Lektorat!

Wenn Sie Ihr Manuskript bei einem Verlag eingereicht und eine positive Antwort bekommen haben, dann geht die Arbeit erneut los. Die meisten Verlage haben nämlich bestimmte Vorstellungen von den Büchern, die bei ihnen erscheinen. Aller Voraussicht nach wird man Sie bitten, die eine oder andere Stelle nach bestimmten Vorgaben zu überarbeiten. Vielleicht will man auch komplette Teile ersatzlos streichen, oder man möchte, dass Sie komplette Kapitel neu schreiben.

Im ersten Moment werden Sie das Gefühl haben, dass Ihr Manuskript sehr schlecht sein muss, wenn so viel daran zu ändern ist. Der Text war Ihr ganzer Stolz, und nun soll er zum Teil völlig verändert werden. Doch seien Sie nicht allzu schockiert! Wenn Ihr Geschriebenes tatsächlich so schlecht gewesen wäre, dann hätte der Verlag es niemals in sein Programm genommen. Es geht überhaupt nicht darum, Ihr Können in Frage zu stellen. Ebenso wenig möchte man an Ihnen oder Ihrem Werk herumnörgeln. Im Gegenteil: Man sagt Ihnen, dass Sie etwas Gutes vollbracht haben und dass man mit Ihnen zusammenarbeiten möchte. Es gibt lediglich ein paar Punkte, die man aus ganz bestimmten Gründen verändert haben möchte. Bitte halten Sie sich eines vor Augen: Die großen und renommierten Verlage wissen sehr genau, was und wie die Kundinnen lesen möchten. Sie haben Jahrzehnte lange Erfahrung damit. Deshalb möchte man die Dinge, die der durchschnittlichen Leserin voraussichtlich weniger gut gefallen würde, in etwas ändern, das ihr eben besser gefällt. Das ist für den Verlag noch wichtiger als für Sie, denn er investiert Geld für den Druck und den Vertrieb Ihres Romans. Für den Verlag ist das ganz klar ein Geschäft, also eine wirtschaftliche Angelegenheit. Das voranginge Ziel ist es, möglichst viele Exemplare von dem Buch zu verkaufen. Dafür muss es für so viele Leserinnen wie möglich passen. Es geht also letzten Endes darum, aus etwas Gutem etwas noch viel Besseres zu machen. Sehen Sie es als Kompliment an, dass die Lektorinnen des Verlags ihr Wissen mit Ihnen teilen! Verarbeiten Sie die Änderungswünsche dankbar und lernen gleichzeitig daraus. Bei Ihrem nächsten Buch wird es Ihnen bereits helfen und Vorteile verschaffen.

Hätte ich mich nicht stets einem sehr strengen Lektorat gegenübergesehen, so wäre ich heute nicht in der Lage, dieses Buch zu schreiben.
Übrigens können Sie mit der Betreuerin Ihres Buchprojekts auf Verlagsseite meistens reden und die eine oder andere Änderung nachverhandeln. Wenn Sie etwas schreiben sollen, was Ihnen partout gegen den Strich geht, wird sich dafür eine andere Lösung finden lassen.
Also: Freuen Sie sich darüber, dass Sie einen Verlag gefunden haben, der Ihr Werk in sein Programm nehmen und es noch verfeinern möchte!

Einzelroman oder Reihe?

Es ist sinnvoll, sich bereits im Vorfeld zu überlegen, ob man ein einzelnes Buch oder den Pilot-Roman zu einer Reihe schreiben möchte.

Der größte Unterschied liegt beim Aufbau der Hauptfigur und bei Ihrer Arbeitsweise.

Wenn Sie eine Reihe mit mehreren Büchern herausbringen wollen, dann sollten Sie im ersten Band nicht schon sämtliches Material verfeuert haben, das Ihre Protagonistin betrifft. Lassen Sie noch ein paar Geheimnisse offen und manche Frage unbeantwortet. Dafür deuten Sie hier und da vage an, dass es da noch etwas zu wissen gibt. Machen Sie die Leserin neugierig auf die Kleinigkeiten, die sie über Ihre Figur noch nicht herausgefunden hat. Vielleicht gibt es etwas in der Vergangenheit, das Ihre Heldin noch immer beschäftigt. Womöglich ein Erlebnis, dass sie in ganz bestimmten Situationen auf eine ebenso bestimmte Art reagieren lässt – nur erkennt die Leserin nicht das Warum. Erst im Laufe der Folgeromane werden diese Geheimnisse gelüftet. Je mehr Bände Sie planen, umso mehr Geheimnisse benötigen Sie, um die Leserin bei der Stange zu halten. Das kann auch andere Personen betreffen, es muss nicht immer die Protagonistin sein. Außerdem können im Laufe der nächsten Bücher noch weitere Nebenfiguren auftauchen, die nach und nach an Wichtigkeit gewinnen und irgendwann „einfach dazugehören". Mit solchen zusätzlichen Charakteren kann man auch neue Geheimnisse schaffen, sodass diese auch langfristig nicht ausgehen. Jetzt ist es aber nicht mehr nur die Leserin, die einer Auflösung von Rätseln zu einer Person hinterher fiebert, sondern auch die Protagonistin.

Um was es sich bei den Dingen im Einzelnen dreht, kann so vielschichtig wie das Leben selbst sein. Hier ein paar Beispiele, nur um Ihnen eine Idee davon zu geben, was für mehr oder weniger abstruse Sachen man sich einfallen lassen kann:

- *Eine alte Liebe, die aus Vernunftgründen (womöglich zu Gunsten der geliebten Person) aufgegeben wurde und noch immer nicht überwunden ist.*

- Ihre Person musste mit ansehen, wie ein geliebter Mensch (Bruder, Schwester, Vater, Mutter) zu Tode kam und konnte nicht helfen.
- Variante zu letztem Punkt: Bei dem Todeskampf ging es um zwei geliebte Personen gleichzeitig, und man musste sich bei der Rettung für eine entscheiden. Hierbei wird die Figur ewig mit Selbstzweifeln kämpfen, ob sie die richtige Entscheidung getroffen hat.
- Weil der Bruder zu Kindeszeiten sich einen Spaß erlaubt und am Fahrrad der Protagonistin herumgespielt hatte, kam es zu einem Unfall, bei dem sie beinahe gestorben wäre.
- Umkehr des letzten Punktes: Die Protagonistin hatte in kindlichem Leichtsinn am Fahrrad des Bruders herumgespielt, sodass dieser dann einen tödlichen Unfall hatte.
- Der Hauptcharakter hatte als Kind ständig seine alleinerziehende Mutter durch ungehorsam und ständigem Lärm überfordert. Erst später erfuhr er, dass die Mutter unter einer Krankheit litt, die all diese Dinge zur Tortur werden ließ. Womöglich hat er es erst nach oder bei ihrem Tod erfahren, der sie ereilte, als Ihr Protagonist noch nicht erwachsen war. Hier ist eine genaue Recherche bzgl. der Krankheit erforderlich!

Die Möglichkeiten sind schier grenzenlos. Auch die Wege, um die Leserin neugierig darauf zu machen, sind unendlich vielfältig. Am häufigsten wird dabei mit Gedanken der Figur gearbeitet. Beispiel:
Giacomo hörte den Schrei. Mit atemberaubender Geschwindigkeit drehte er sich um und sah Jenny, wie sie sich mit verbissener Mine an den Pfosten klammerte. Wie zum Teufel war sie in diese Situation geraten? Wenn sie losließ, würde sie zwanzig Meter in die Tiefe stürzen. „Giaci!“, brüllte sie. „Hilf mir!“
Ihre Stimme ging ihm durch Mark und Bein. Noch schlimmer aber war die Erkenntnis, dass sie sich niemals so lange würde halten können, wie er brauchte, um die Treppe ins sechste Stockwerk hinaufzueilen. Wie angewurzelt stand er da und sah mit aufgerissenen Augen zu seiner Freundin. Mein Gott, *dachte er,* es passiert wieder. *Die Erinnerung lähmte ihn. Erst der erneute Schrei ließ ihn aus seiner Starre erwachen. Augenblicklich lief er los. Alle Kraft, die er überhaupt*

aufbringen konnte, konzentrierte er in seine Beine. Es durfte nicht noch einmal geschehen! Nicht mit Jenny! Mit einem Satz sprang er über die Absperrung der Baustelle. Im nächsten Moment war er auch schon an der Treppe des Rohbaus ...

Nachdem Giacomo seine Freundin gerettet hat, lassen wir ihn noch eine Weile sehr in sich gekehrt sein. Die Freundin wird ihn darauf ansprechen und keine Antwort bekommen. Er wird sich abwenden und geheimnisvoll und still für eine Weile verschwinden.
Man kann aber auch aus der Sicht einer anderen Person auf etwas hinweisen, das mit unserer Protagonistin zu tun hat. In „Spiel, bis du stirbst" beispielsweise habe ich eine kurze Szene, in der ein Mann sich das Bild von meiner Protagonistin *Sam* ansieht, und dann wutentbrannt sein Glas gegen die Wand wirft.
Es funktionieren auch immer Sprüche wie: „Was der mir angetan hat, wird er noch bereuen." Allerdings rate ich davon ab. Das ist einfach zu platt und wird die Leserin nicht in ihren Bann reißen. Überlegen Sie sich etwas Ausgefalleneres!
Sie können Ihre Hauptfigur zum Beispiel hin und wieder einen Verwandten in einem Betreuungsheim oder Krankenhaus besuchen lassen. Der Verwandte könnte im Langzeitkoma liegen oder zwar wach, aber geistig nicht mehr ansprechbar sein.
Oder die Schwester ist blind. Die Leserin erfährt zwar, dass dies bei ihrer Geburt noch nicht so gewesen ist, man erzählt ihr aber (noch) nicht, wann und wodurch die Blindheit zustande gekommen war.
Sie können auch Ihrer Protagonistin ein Leiden andichten oder eine Narbe verpassen. Möglich sind auch immer wiederkehrende Schmerzen an einer bestimmten Stelle des Körpers, die mit einer alten Sache zu tun haben.
Hier ist Ihre Fantasie gefragt!

Doch nicht nur für Ihre Figuren müssen Sie Vorsorge treffen, sondern vor allem für sich selbst. Um die Charaktere über mehrere Romane konsistent halten zu können, müssen Sie bei der Ausarbeitung noch viel genauer sein. Sie müssen wirklich wissen, was die einzelnen Figuren früher alles erlebt haben. Dazu kann es sogar erforderlich sein, dass Sie alles über Personen

wissen, die in dem Roman gar nicht auftauchen oder erst in einem späteren Band in Erscheinung treten. Auch für solche Figuren müssen Sie oft wissen, warum sie so gehandelt haben, wie sie es eben in der Vergangenheit taten.
Dazu sollten Sie Ihre Notizen und Unterlagen noch ordentlicher halten als ohnehin schon. Es gibt Reihen, die über viele Jahre hinweg geschrieben werden. Denken Sie beispielsweise an die Tempe-Brennan-Reihe von Kathy Reichs oder Commissario Brunetti von Donna Leon. Bei einem solchen Projekt müssen Sie auch nach vielen Jahren noch verstehen, was Sie sich heute notieren. Ein einfaches Stichwort reicht da nicht mehr aus.

Alternativ zu einer anfänglichen Festlegung, ob es ein Einzelroman oder eine Reihe werden soll, ist die Möglichkeit, sich beide Wege offen zu halten. Schreiben Sie das Buch so, dass die Leserin es als abgeschlossen empfindet, ohne dass größere Fragen offenbleiben. Dabei planen Sie im Hintergrund aber alles so, als ob es eine Reihe werden soll. Das bedeutet, dass Sie sich zwar die Mehrarbeit machen, aber nicht unbedingt einen Folgeroman bringen müssen. Wenn Sie unentschlossen sind, dann ist dies sicher der beste Weg. Nebenbei ist es auch eine sehr gute Übung für zukünftige Buchprojekte.
Natürlich müssen Sie dann mit Hinweisen zu Dingen, die eventuell in späteren Folgen erst aufgedeckt werden, viel subtiler sein. Die Leserin soll zwar schon mal etwas davon gehört haben, aber nicht die ganze Zeit auf eine Auflösung warten. Das macht die Sache schwieriger und sie müssen noch ideenreicher sein.

Nebenhandlungen

Ihr Roman hat bereits sein Hauptthema, das Sie ganz zu Anfang festgelegt haben. Aber Ihre Protagonistin hat ja neben all den Turbulenzen, denen sie ausgesetzt ist, noch ein normales Leben. Dieses können Sie mit Nebenhandlungen ausschmücken. So ist die kleine Lovestory nebenbei immer eine nette Sache. Vor allem hat man dann wieder ein Opfer, welches die Protagonistin beschützen muss. Außerdem lassen sich immer wunderbare Missverständnisse einbauen, sodass Ihre Heldin nicht nur den normalen Wahnsinn Ihres Hauptthemas überstehen muss, sondern auch ständig mit ihren Gefühlen zu kämpfen hat.

Ebenso kann es familiäre Altlasten geben, mit denen sie immer wieder konfrontiert wird. Ihre Charaktere haben ja auch ein Seelenleben, um das es mal besser und mal schlechter bestellt ist.

Vielleicht hat die Hauptfigur ein Hobby und fliegt ferngesteuerte Flugzeuge. Oder sie möchte sogar den Pilotenschein für ein richtiges Flugzeug machen. Hier benötigen Sie natürlich entsprechendes Wissen, dass Sie, wenn nicht bereits vorhanden, durch Recherche erlangen müssen.

Treibt die Person Sport? Oder hat sie ein Haustier, um das sie sich kümmern muss?

Auch die langfristige Planung einer besonderen Reise ist eine Möglichkeit. Dafür kommen verschiedene Dinge in Frage, beispielsweise eine Sahara-Durchquerung mit einem Jeep, eine Durchwanderung des Amazonas-Regenwaldes oder eine Schlittenreise zur Antarktis. Ihnen fallen sicher noch viele andere Länder ein, in denen man ein Abenteuer erleben kann.

Um noch einmal zur Vergangenheit zurück zu kommen: Sie können es auch so einrichten, dass die Protagonistin selbst gar nicht alle Einzelheiten ihrer Vergangenheit kennt. Vielleicht wurde sie adoptiert oder wuchs in einem Heim auf. Oder sie wurde von ihrer alleinerziehenden Mutter großgezogen und kennt den Vater nicht. Dann können Sie sie nach ihren Wurzeln forschen lassen. Das kann sich über das Buch verteilen, oder wenn Sie wollen, auch über mehrere Bände einer Reihe.

Wenn Sie einen Thriller schreiben, seien Sie vorsichtig, dass die Nebenhandlungen nicht zu viel Raum füllen. Die

Leserin will Spannung und Nervenkitzel haben. Zwar kann man natürlich auch hier zwischendurch eine kleine Story nebenbei einflechten, aber diese sollte die eigentliche Handlung nicht zur Nebensache degradieren. Eine weitere Möglichkeit ist es, als Zweithandlung einen weiteren Thriller oder Krimi einzubinden. Es können ja rein zufällig zwei verschiedene Fälle gleichzeitig aktuell sein. Zu Anfang merkt Ihre Hauptfigur das nicht einmal unbedingt. Das könnte sie auf diverse Irrwege führen. Hiermit kann man schöne Überraschungsmomente zaubern. Allerdings haben Sie dann die Arbeit, sich um zwei Handlungsstränge gleichzeitig zu kümmern. Beide müssen in sich sauber und konsistent sein. Das erfordert eine gute Planung, ist aber durchaus auch von einer Anfängerin machbar.

Mehrere Handlungsstränge

Eine sehr interessante Form, die Geschichte zu erzählen, ist es, wenn Sie mehrere Handlungsstränge aufbauen, die irgendwann zusammenführen. Geht es beispielsweise um mehrere Personen, die irgendwie betroffen sind, dann können Sie die ersten drei oder vier Kapitel aus der Sicht einer jeweils anderen Figur schreiben. Zunächst scheinen die Handlungen nichts miteinander zu tun zu haben und werden nacheinander in späteren Kapiteln fortgeführt. Dann zeichnet sich irgendwann entweder ab, dass es letzten Endes doch um das gleiche Thema geht, oder die Personen treffen unvermittelt aufeinander. Dabei müssen sich nicht alle Personen gleichzeitig treffen, können aber.

Ein einfaches Beispiel:

Wir nehmen fünf Personen.
- Peter Allstein, Leiter einer Gruppe des SEK
- Konrad Giebel, Bankangestellter
- Mary Zohnart, Mutter eines fünfjährigen Mädchens
- Jessica Drohm, Schülerin
- Ingmar Wolgoland, Straftäter

Von jedem wird aus dem Alltag erzählt, der unterschiedlicher nicht sein kann. Die verschiedenen Charaktere werden herausgearbeitet und die Probleme der Figuren dargestellt. In diesem einfachen Beispiel würde ich für jede Person nur ein Kapitel schreiben, bevor es bereits langsam zusammenläuft.
Nach den ersten vier Kapiteln, also im fünften, geht Konrad Giebel in seine Bank und öffnet sie für die Kunden. Neben ein paar anderen Leuten kommen nach kurzer Zeit Mary Zohnart mit ihrer Tochter sowie Jessica Drohm herein und stellen sich am Schalter an.
Jetzt erscheint Ingmar mit zwei Kumpanen auf der Bildfläche. Sie haben Maschinenfeuergewehre bei sich, rauben die Bank aus und nehmen Jessi sowie Mary samt Tochter als Geiseln. Die spätere Befreiungsaktion wird von Peter Allstein geleitet.
So kann man mehrere Protagonistinnen schaffen und interessante Variationen reinbringen. Außerdem kann

man gleichzeitig mehrere Geschichten erzählen und dem Leser viel Abwechslung bieten.
Dieses Beispiel können Sie theoretisch beliebig verkomplizieren. Vielleicht wird Anfangs dargestellt, dass Peter Allstein ein Verhältnis mit Mary Zohnart hat. Bei den Entscheidungen zum Einsatz seiner Gruppe muss er also ständig darüber nachdenken, was es für seine große Liebe bedeutet, wenn er einen Zugriff mit Waffengewalt befiehlt.
Oder Sie erzählen, wie Jessica auf der Suche nach ihrem richtigen Vater ist, weil ihre alleinerziehende Mutter niemals etwas über ihn erzählt hat. Irgendwie findet sie über Verwandte heraus, dass ihr Papa auf die schiefe Bahn geraten war und die Mutter sich deshalb von ihm distanziert hatte. Im Laufe ihrer Zeit als Geisel stellt sie nach und nach fest, dass Ingmar Wolgoland ihr Vater ist.
- Jetzt, wo ich darüber schreibe, könnte ich mir sogar vorstellen, selbst eine Story daraus zu machen. Sie sehen: Manchmal kommen die Ideen schneller als man denkt!
Noch extremer kann man das Ganze bei einem Polit-Thriller machen, in dem man diverse Begebenheiten in verschiedenen Ländern Europas darstellt, die irgendwann eine Verbindung bekommen.
Auch ein Thriller um Umweltthemen lässt sich sehr groß und sogar global aufbereiten. Ein sehr schönes Beispiel hierfür ist „Der Schwarm“ von Frank Schätzing, auch wenn dieser eher ein Science-Fiction-Thriller ist.
Wenn Sie einen Roman kennen, der so aufgebaut ist, dann lesen sie ihn noch einmal mit analytischem Blick. Notieren Sie sich die einzelnen Begebenheiten und Personen, und finden heraus, wie der Autor langsam die Zusammenführung vollbracht hat.

Vorsicht vor dem perfekten Verbrechen

Als Krimi- oder Thriller-Autor möchte man sich möglichst geniale Verbrechen ausdenken. Tatsächlich versetzt man sich in die Lage der Bösen und plant alles so gut es geht. Immerhin sollen die Leserinnen ja beeindruckt davon sein, was in dem Roman passiert. Man überlegt, was alles bei der Tat fehlschlagen kann oder wie die Polizei einem auf die Spur kommen könnte. Dann räumt man all diese Gefahrenpunkte aus dem Weg, indem man sorgfältig sicherere Alternativen plant. Viele Autorinnen entwickeln dabei eine unglaubliche Kreativität. Das ist natürlich sehr gut, denn es führt zu hoch interessanten Geschichten. Was wir allerdings dabei nicht vergessen dürfen: Ihre Heldin soll das Verbrechen am Ende ja auch aufklären! Wenn es wirklich ein perfektes Verbrechen wäre, würde auch unsere Heldin keine Chance haben, es aufzuklären. Natürlich kann man einen großen Zufall bauen, über den sie hinter die Sache kommt. Aber das ist sehr unschön und begeistert die meisten Leserinnen nicht. Bereits beim Planen des Verbrechens überlegen Sie also, wie man Ihnen auf die Schliche kommen kann!
Ebenso verhält es sich mit misslichen Situationen, in die Sie Ihre Heldin hineingeraten lassen. Am interessantesten sind natürlich vermeintlich ausweglose Situationen. Doch was ist, wenn Ihnen dann nichts einfällt, wie Ihr Star sich befreien kann? Tatsächlich ist mir das einmal passiert. Mein Held war verloren und ich habe keine Möglichkeit gefunden, ihn da wieder heraus zu holen. Am Ende blieb mir nichts anderes übrig, als die letzten drei Kapitel erneut zu schreiben und ihn in eine andere Lage zu bringen, die zwar auch sehr schlimm, aber eben nicht ganz ohne Ausweg war.
Wenn Ihnen etwas ähnliches passiert, dann hüten Sie sich davor, die Heldin mit irgendwelchen unglaubwürdigen, an den Haaren herbeigezogenen Mitteln zu retten! Es gibt wenig, was die Leserinnen schlimmer finden. Sollte Ihnen nichts einfallen, was auch in der Realität wirklich funktionieren könnte, dann beißen Sie in den sauren Apfel und verwerfen die letzten Seiten Ihres Manuskripts. Schreiben Sie lieber eine neue,

ähnlich schwierige Situation, aus der Sie der Protagonistin aber heraushelfen können!
Bei allem Bösen, was Sie planen, denken Sie bitte daran, dass die Guten immer ein bisschen besser sein müssen. Natürlich gilt dies alles nicht, wenn Ihr Buch kein Happy End haben und die Bösen nicht geschnappt werden sollen. Es gibt ja auch Storys, bei denen die Bösen die Protagonistinnen sind. Hier verhält es sich dann umgekehrt: Sie überlegen tausend Dinge, wie die Guten Ihren Protagonistinnen ans Leder wollen. Dann müssen Sie sich einfallen lassen, wie die Hauptfiguren sich da wieder herauswinden.

Keine Angst vor schlechter Kritik

Ist Ihr Buch erst mal veröffentlicht, egal ob als Printversion oder als eBook, beginnen andere Dinge, mit denen Sie sich konfrontiert sehen. Wahrscheinlich werden Sie in sozialen Netzwerken sehr aktiv sein und möglichst viel Werbung für Ihr Werk machen. Langsam verkaufen sich die ersten Exemplare und die Menschen werden Ihnen Feedbacks geben. Da Sie sehr hart an Ihrem Krimi oder Thriller gearbeitet und es sich nicht leicht gemacht haben, werden Sie überwiegend eine positive Resonanz erfahren. Aber genauso werden Sie es erleben, dass jemand eine schlechte Kritik über Ihren Roman schreibt und veröffentlicht. Sie werden zunächst am Boden zerstört sein, vielleicht auch verärgert oder verletzt.

Versuchen Sie sich möglichst schnell zu beruhigen und denken Sie an folgende Dinge:

- Es gibt kein Buch, das wirklich jedem gefällt. Die Geschmäcker der Menschen sind so unterschiedlich, dass es ein solches Buch niemals geben wird. Natürlich gibt es Leute, die Ihr Buch nicht gut finden. Das ist auch bei jedem Bestseller so! Schauen Sie sich die Beurteilungen der Bücher in den aktuellen Bestseller-Listen an. Hier finden Sie zu jedem Roman auch negative Bewertungen, ganz egal wie hoch die Qualität des Werkes ist.
- Auch eine schlechte Rezension ist eine öffentliche Meinung. Das bedeutet: Über Sie und Ihr Buch wird gesprochen! Nicht nur positive Kritiken sind Werbung. Überlegen Sie mal, über wie viele öffentliche Personen aus dem Showbusiness ständig Negativschlagzeilen in der Presse sind! Hierdurch bleiben die Menschen im Gespräch und man vergisst sie nicht. Jede Stimme in der Öffentlichkeit, egal ob gut oder schlecht, erhöht Ihren Bekanntheitsgrad.
- Nicht zuletzt gibt es auch die traurige Tatsache, dass manche sogenannten Kollegen oder Kolleginnen unter Pseudonymen schlechte Beurteilungen erstellen, um Konkurrentinnen oder Konkurrenten zu diskreditieren. Sie erkennen solche fake Beurteilungen nicht immer, aber oft. Entweder merken Sie am Inhalt der Rezension,

dass die Rezensentin das Buch gar nicht wirklich gelesen, sondern über den Inhalt nur ein paar wenige, teilweise unzutreffende Informationen hat. Oder Sie erkennen an der Wortwahl, dass es sich selbst um eine Autorin oder einen Autor handelt. Eine normale Leserin verwendet selten schriftstellerische Fachbegriffe.
Wenn Sie eine solche mutwillig schlechtmachende Kritik identifizieren, dann freuen Sie sich! Es zeigt sehr deutlich, dass Ihr Roman so gut ist, dass man Sie als Konkurrentin wahrnimmt und Angst vor Ihren Erfolgen hat! Gibt es ein größeres Kompliment?

Sie sehen: Mit einer Negativbeurteilung geht die Welt nicht unter.
Anders verhält es sich, wenn Sie mehr als 50 Prozent schlechte Beurteilungen sammeln. Hier sollten Sie sich schon Gedanken machen und versuchen zu ergründen, warum es so viele Menschen gibt, die Ihr Buch offenbar schlecht finden. Vielleicht können Sie beim nächsten Buch etwas besser machen?
Allerdings ist kaum zu befürchten, dass Ihnen das passiert. Meine Erfahrung zeigt, dass die Beurteilungen (beispielsweise in Online Buchhandlungen) ziemlich deckungsgleich mit den Meinungen der Testleserinnen sind. Wenn 80 Prozent der Testpersonen Ihren Roman für gut befunden haben, so wird wahrscheinlich ein ebenso großer Anteil der späteren Leserinnen auch Gefallen daran haben.

Der Titel und sein Schutz

Natürlich benötigt Ihr Roman einen ansprechenden Titel. Darüber, ob er eher aussagekräftig oder reißerisch sein soll, streiten sich die Gelehrten. Ich persönlich glaube nicht, dass es da eine feste Regel gibt. Allerdings sind zwei Dinge wichtig: Die potentielle Leserin muss sich angesprochen fühlen und neugierig werden, und den Titel muss man sich gut merken können. Deshalb rate ich von Titeln mit mehr als sechs Worten absolut ab. Selbst das empfinde ich bereits als zu viel. In der Kürze liegt die Würze. Überlegen Sie, ob der Titel Sie motivieren würde, den Buchrücken zu lesen.

Haben Sie sich einen passenden Titel einfallen lassen, sollten Sie zunächst überprüfen, ob es diesen Titel schon als Buch gibt. Leider ist die Wahrscheinlichkeit sehr hoch, dass dem so ist. Bei weit über einer Million Büchern allein auf dem deutschen Markt ist es schwer, sich etwas einfallen zu lassen, was bisher noch niemandem eingefallen ist.

Sie können sehr leicht feststellen, ob es einen Titel bereits gibt, indem Sie auf buchhandel.de nach eben diesem Titel suchen. Dies ist der Marketing- und Verlagsservice des Buchhandels. Wenn Sie hier einen Titel nicht finden, dann können Sie davon ausgehen, dass er noch frei ist. Vorsichtshalber würde ich aber noch in den großen Internet Buchhandlungen nachsehen (Amazon, Thalia, bol.de usw.), weil nicht unbedingt jedes eBook als Buch registriert sein muss!

Sind Sie sicher, dass es noch kein Buch mit dem gleichen Titel gibt, so können Sie ihn für Ihren Roman benutzen. Allerdings werden Sie sich den Titel vermutlich bereits einfallen lassen, lange bevor das Buch wirklich erscheint. Deshalb müssen Sie direkt vor der Veröffentlichung noch einmal prüfen, ob nicht mittlerweile ein Werk mit demselben Titel erschienen ist. Sollten Sie die Veröffentlichung nicht selbst tätigen, sondern einen Verlag gefunden haben, dann kümmert der sich um alles. In diesem Fall können Sie dieses ganze Kapitel einfach ignorieren.

Wenn Sie glauben, dass Ihr Titel so toll ist, dass Sie ihn unbedingt benutzen wollen, die Veröffentlichung aber noch ein paar Monate hin ist, dann können Sie über den Börsenverein des Deutschen Buchhandels (http://www.boersenverein.de/) für ein halbes Jahr Titelschutz beantragen. Dies kostet ein wenig Geld (Im Jahr 2014 waren es 50,- Euro), aber damit ist er zunächst für Sie reserviert.

Ist Ihr Roman erst mal erschienen, so ist der Titel automatisch geschützt, zumindest als Buchtitel (nicht aber im Zusammenhang mit anderen Dingen, wie beispielsweise einem Musiktitel oder einem Produkt, welches kein Buch oder eBook ist). Wenn danach oder während der Zeit des Titelschutzes (über den Börsenverein des Deutschen Buchhandels) jemand ein Buch mit diesem Titel veröffentlicht, können Sie eine Unterlassung verlangen. Es gilt also das alte Sprichwort: „Wer zuerst kommt, der mahlt zuerst".

Arbeitstitel

Es kann sein, dass Ihnen lange Zeit kein Titel einfällt, mit dem Sie Ihren Roman veröffentlichen würden. Allerdings sind Sie vielleicht schon so weit fortgeschritten, dass es bereits Gespräche zu Ihrem Buch gibt. Hierbei müssen Sie Ihren Roman irgendwie nennen. Dafür gibt es den „Arbeitstitel". Es ist ein vorläufiger Titel, der später durchaus auch der endgültige Titel sein könnte, aber nicht sein muss. Nehmen Sie aus den Möglichkeiten, die Ihnen bisher eingefallen sind, die beste heraus und nutzen diese als Arbeitstitel. Sobald Sie Ihren endgültigen Titel gefunden haben, wird der Arbeitstitel dann ersetzt. Wenn Sie Ihr Werk bei einem Verlag bewerben, um ihn dort herausbringen zu lassen, dann ist der Titel sowieso nur ein Arbeitstitel, da die meisten Verlage die Titel der Bücher, die in ihrem Verlag erscheinen, selbst bestimmen. Möglicherweise übernimmt der Verlag Ihre Idee, vielleicht aber auch nicht.

Wie veröffentlichen?

An dieser Stelle möchte ich Ihnen keinen Rat für eine bestimmte Variante geben, sondern nur die Möglichkeiten aufzeigen. Details zu den Einzelnen Möglichkeiten findet man zur Genüge im Internet.
Zunächst müssen Sie sich entscheiden, ob Sie Ihr Buch über einen Verlag veröffentlichen lassen wollen, oder ob Sie es selbst herausbringen. Während es vor zwei Jahrzehnten noch sehr schwierig war, ein Buch selbst zu veröffentlichen, ist es heute völlig unproblematisch.
Beides hat Vor- und Nachteile.

Beginnen wir mit dem Veröffentlichen über einen Verlag. Bevor ich zu dem eigentlichen Punkt komme, möchte ich Sie vor sogenannten Druckkostenzuschuss-Verlagen (DKZV) warnen! Bis auf wenige Ausnahmen geht es solchen Verlagen hauptsächlich darum, an dem Druck Ihres Buches Geld zu verdienen – nämlich IHR Geld. Ob der Roman dann verkauft wird oder nicht, ist für solche Verlage völlig unwichtig. Oft wird zusätzliches Geld für Lektorat und andere Dinge verlangt. Sehr schnell sind ein paar tausend Euro, oftmals sogar zehntausende weg. Sie halten dafür Ihr Buch in der Hand, aber es wird nicht verkauft und niemand kennt es. Das hätten Sie auch billiger und besser haben können. Wenn also ein Verlag zu Ihnen kommt und sagt, dass Sie ja ein soooo tolles Manuskript geliefert hätten, und man glücklich wäre, Ihren Roman zu veröffentlichen, es würde nur so und so viel Kosten, dann lassen Sie um Himmels Willen die Finger davon! Ein seriöser Verlag nimmt kein Geld für eine Veröffentlichung, nimmt kein Geld für eine Veröffentlichung, nimmt kein Geld für eine Veröffentlichung!
Nun aber zur Veröffentlichung über einen seriösen Verlag. Zunächst müssen Sie solche Verlage heraussuchen, die Bücher Ihres Genres, also Krimi oder Thriller, herausbringen. Es ist unsinnig, einem Fantasy-Verlag oder einem Verlag, der ausschließlich Fachliteratur oder Tierbücher verlegt, einen Thriller anzubieten.
Dann stellt sich noch die Frage, ob es Ihnen reicht, bei einem kleinen Verlag zu erscheinen, oder ob es für Sie einer der großen, bekannten Publikumsverlage sein

muss. Der Unterschied wird sich in den meisten Fällen später bei den Verkaufszahlen bemerkbar machen. Je kleiner ein Verlag, umso weniger kann er für Werbemaßnahmen investieren und umso unwahrscheinlicher ist es, dass Ihr Buch in allen Buchhandlungen ausliegen wird. Als ich damals zu Schreiben anfing, hatte ich mir darüber keinerlei Gedanken gemacht und mein Buch bei einem Verlag beworben, der möglichst in meiner Nähe ansässig war. Das hielt ich für am praktischsten. Zum Glück habe ich dadurch einen seriösen Verlag gefunden, aber nicht den buchstäblichen „Sechser im Lotto". Für mich als nebenberuflichen Autor passte das aber gut, denn die ganz großen Verlage verlangen häufig die nächsten Romane innerhalb eng gesetzter Fristen. Das kann man meistens nur halten, wenn man hauptberuflich schreibt. Auch hier gibt es sicher Ausnahmen.

Wenn Sie unbedingt bei einem der ganz großen Verlage landen wollen, sollten Sie wissen, dass Ihre Chancen äußerst gering sind. Das muss nichts mit der Qualität Ihres Manuskripts zu tun haben. Diese Verlage bekommen pro Woche über hundert Manuskripte auf die Tische der Lektorate, manchmal sind es mehrere Hundert! Zunächst wird man sich nur das Exposee zu Ihrem Werk durchlesen. (Was genau ein Exposee ist und wie man es am besten erstellt, finden Sie sehr ausführlich auf vielen Internetseiten. Mit meinem Buch sollen Sie eine Hilfe beim Schreiben Ihres ersten Romans bekommen. Wie man ein Buch bei Verlagen bewirbt, würde den Rahmen sprengen. Hierzu gibt es aber sowohl Literatur als auch gute Internetseiten.) Wenn Ihr Exposee, welches ja nur wenige Seiten hat um Ihr ganzes Werk vorzustellen, nicht die Qualität Ihres Romans rüberbringen kann oder das Thema der Story einfach nicht gefällt, dann wird niemand mehr in das Manuskript schauen und Sie erhalten eine Absage. Die Absage kommt auch nur im besten Fall, denn es gibt auch Verlage, die bereits auf ihrer Homepage schreiben: „Wenn Sie keine Antwort erhalten, gehen Sie bitte davon aus, dass wir Ihren Roman nicht ins Programm nehmen können."

Für die Vorauswahl der eingereichten Manuskripte werden dabei nicht immer professionelle Lektoren eingesetzt. Diese haben zu viel damit zu tun, sich um

Buchprojekte zu kümmern, die bereits angenommen wurden, beziehungsweise die Manuskripte zu lesen, welche die Erstauswahl überlebt haben. Oft befassen sich Studentinnen und Studenten mit der Erstauswahl.

Etwas besser sind Ihre Chancen, wenn Sie es über einen Agenten versuchen. Hier gilt ähnliches wie für Verlage: Suchen Sie sich unbedingt eine seriöse Agentur! Bei den großen Agenturen können Sie teilweise auf der Homepage sehen, welche Autorinnen und Autoren diese vertreten. Mit deren Namen können Sie dann herausfinden, bei welchen Verlagen sie untergebracht wurden. Ebenso können Sie im Internet nach Erfahrungsberichten zu den einzelnen Agenturen suchen.

Sowohl auf den Internetseiten der Verlage als auch denen der Agenturen können Sie meistens nachlesen, wie lang die eingereichte Leseprobe sein soll.

Wenn Sie einer der Auserwählten sein sollten, die einen Vertrag bei einem der großen Verlage bekommt, dann sein Sie glücklich! Von nun an werden Sie aller Voraussicht nach sehr gut betreut, und vermutlich wird sich Ihr Roman mindestens durchschnittlich gut verkaufen.

Aber vielleicht haben Sie sich ja auch bei einem kleineren Verlag beworben. Auch hier würde ich sehen, ob es von anderen Autorinnen irgendwelche Beurteilungen oder Erfahrungsberichte gibt. Finden Sie einige negative, dann sollten Sie sich über die Gründe der schlechten Berichte Gedanken machen.

Finden Sie überhaupt keinen Erfahrungsbericht, obwohl es den Verlag schon länger gibt, dann würde ich das eher als positiv werten. Eine Autorin, die gut betreut wurde und den Verlag positiv erlebt hat, wird selten eine Motivation haben, einen Erfahrungsbericht zu schreiben. Warum auch? Wahrscheinlich ist sie bereits dabei, an ihrem nächsten Manuskript zu arbeiten. Das ist doch viel wichtiger.

Die meisten kleineren Verlage haben logischerweise wenig bis gar kein Budget für Werbung. Sie müssen sich also zum großen Teil selbst um viele Dinge kümmern. Dafür erledigt der Verlag das Lektorat, Korrektorat, den Druck und die Bindung, meistens heutzutage auch die Veröffentlichung als eBook. Außerdem werden Sie auch bei einem kleinen Verlag viel Erfahrung sammeln. Es spricht also generell nichts gegen kleinere Verlage.

Wenn Sie alles selbst und ohne Verlag machen möchten, so ist dies heute gefühlte eine Million Mal leichter als noch vor zwanzig Jahren. Außerdem benötigen Sie bei Weitem nicht mehr so viel Kapital wie früher. Damals hätten Sie noch die Kosten übernehmen müssen, um eine kleine Auflage drucken und binden zu lassen. Da sind schnell mehrere tausend Euro weg. Stattdessen können Sie sich einen Anbieter suchen, der Ihre Bücher „on Demand", also bei Bedarf, im Digitaldruckverfahren herstellt. Dabei wird ein Buch erst hergestellt, wenn es eine Bestellung, also einen Käufer dafür gibt. Statt im aufwendigen Offset-Druckverfahren werden die einzelnen Seiten meistens mit einem Laserdrucker ausgedruckt. Das einzelne Buch ist dabei meistens teurer als wenn Sie gleich zweitausend Stück im Offset-Verfahren herstellen, aber Sie müssen eben auch immer nur ein einzelnes Buch bezahlen. Anbieter gibt es hierfür mittlerweile verschiedene. Vergleichen Sie die Leistungen und vor allem die Kosten pro Buch! Meistens kann man diesen Anbietern das Buch einfach als PDF schicken und benötigt keine Profi-Software.
Eine weitere Möglichkeit ist es, das Buch ausschließlich als eBook zu vermarkten. Noch ist das eBook nicht so weit verbreitet wie das normale Buch, aber es ist auf einem guten Weg dahin. Während ich noch vor wenigen Jahren davon abgeraten hätte, einen Roman nur digital zu vermarkten, muss ich heute sagen, dass es durchaus eine Alternative sein kann. Vor allem benötigt man so gut wie kein Eigenkapital. Es sind üblicherweise keine hundert Euro, die Sie dafür aufwenden müssen!
Auch hier gibt es wieder unterschiedliche Möglichkeiten. Da das eBook an sich noch recht jung ist, gibt es verschiedene Formate. Manche Online-Buchhandlung kocht da ihr eigenes Süppchen. Manchmal kann das aber auch von Vorteil sein. So gibt es sehr große Online-Buchhandlungen, bei denen man, wenn man das eBook nur dort veröffentlicht, beispielsweise Werbetage bestimmen kann, an denen die Endkunden das Produkt verbilligt oder gar kostenlos bekommen. Dadurch erhält man eine Art kostenlose Werbung. Wenn von diesen Endkunden dann einige eine positive Rezension

schreiben, dann kann dadurch der Verkauf ins Rollen kommen. Wie Sie Ihr Buch bei den einzelnen Online-Buchhandeln veröffentlichen, lesen Sie bitte auf den Internetseiten der entsprechenden Internet-Buchhandlung nach.

Wollen Sie, dass Ihr eBook bei allen online Portalen, in denen es eBooks zu kaufen gibt, verfügbar ist, dann suchen Sie sich am besten einen Anbieter, der das für Sie erledigt. Solche Anbieter zweigen sich dann einen gewissen Prozentsatz (z. B. 30%) vom Verkauf ab, den Rest bekommen Sie überwiesen. Meistens gibt es eine einmalige Veröffentlichungsgebühr pro Titel, die aber bei allen weit unter 100,- Euro liegt. Mir sind einige bekannt, wo die Gebühr zwischen 20,- und 50,- Euro beträgt. Danach kassieren Sie nur noch, und zwar für jeden erfolgten Download Ihres Romans. Da die digitale Welt sehr schnelllebig ist, werde ich hier keine weiteren Details aufnehmen. Zu groß ist die Gefahr, dass das, was ich schreibe, morgen bereits veraltet ist. Über eine gute Suchmaschine finden Sie aber ausreichend Informationsmaterial und auch die Seiten der Anbieter.

Nachwort

Ich habe Ihnen nun sehr viele Hinweise darauf gegeben, auf was Sie achten sollten, wenn Sie einen gelungenen Krimi oder Thriller schreiben wollen. Nicht ganz zu Unrecht werden Sie mir vorwerfen, dass ich viele Dinge als No-Go darstelle, die Sie aber doch schon in einigen Bestsellern selbst gelesen haben. Warum sollten Sie sich also all die Mühe machen, um eine gute, stimmige und realistische Story zu schreiben?

Der Grund ist recht einfach. Die Autoren und Autorinnen von vielen Bestsellern haben oft bereits einige Erfolge gelandet. Ihr Name ist kein Unbekannter mehr, und wenn man erst mal „drin ist", dann wird vieles leichter. Außerdem, und das habe ich bereits an anderer Stelle erwähnt, geben die großen Verlage oft Deadlines vor, bis wann der nächste Roman fertig sein muss. Da bleibt oft einfach nicht genügend Zeit, um ordentlich zu arbeiten. Dazu kommt noch ein Punkt: Wenn Sie sich erst eine große Fangemeinde erarbeitet haben, dann werden Sie auch Ihre weiteren Bücher verkaufen. Ein Fan verzeiht viele kleine Fehler, solange er gut unterhalten ist und Ihren Schreibstil wiedererkennt. Er fühlt sich wohl in Ihren Büchern. Wenn Sie bereits so weit sind, dann habe ich dieses Buch auch nicht für Sie geschrieben. Ich habe es für den Anfänger geschrieben, der sich zunächst mal beweisen und seine Fans bekommen muss. Noch haben Sie keinen großen Namen, der die Bücher von selbst verkauft. SIE müssen noch mit Qualität überzeugen.

Vielleicht fragen Sie sich nun, ob man unter diesen Umständen überhaupt für einen großen Verlag schreiben sollte. Die Antwort darauf können nur Sie selbst sich geben. Aber wenn man die Schreiberei hauptberuflich betreibt, dann kann man auch durchaus noch qualitativ hochwertige Romane in einem kurzen Zeitraum schreiben. Deshalb würde ich, wenn ich diese Tätigkeit wieder aufnehmen sollte, das sicher nur noch hauptberuflich machen.

Nun wünsche ich Ihnen viele Ideen, einen ungeheuren Elan, Ausdauer und Geduld, Kritikfähigkeit und vor allem ganz, ganz viel Glück – denn auch wenn Sie noch so gut sind, ohne Glück geht kein Stern am Künstlerhimmel auf!

Ihr Sönke Brandschwert

Von Sönke Brandschwert sind im Sigrid Böhme Verlag bisher erschienen:

Netzinfarkt (Ein Gina und Sven Krimi)
Schattenraum (Ein Gina und Sven Krimi)
Spiel, bis du stirbst (Samantha Veselkova Reihe)
Töte, um zu leben (Samantha Veselkova Reihe)
Hals in der Schlinge
Schritt für Schritt zum eigenen Krimi/Thriller